DER ULTIMATIVE WEG ZU BESSEREM GOLF

Textbearbeitung, Gestaltung und Realisierung:
Gudrun Krämer

Fotos Kapitel Golftechnik, Geist und Ausrüstung:
Petra Mattheis

Fotos Körper + Fitness:
Marius Junker

Grafik Golf-Kompass:
Sascha Nau

Druck: RöslerDruck GmbH, Schorndorf
Printed in Germany

ISBN 978-3-7828-5001-8

MARK MATTHEIS

DER ULTIMATIVE WEG ZU BESSEREM GOLF

DIE GANZHEITLICHE ANALYSE FÜR DEN GOLFSPORTLER

Mit einem Beitrag von Christian Marysko

kraemerverlag

WARUM ICH DIESES BUCH GESCHRIEBEN HABE

„Noch ein Golfbuch?", habe ich mich gefragt. „Ist nicht schon alles über Golf geschrieben worden?" Ja und nein; es gibt sehr viele Bücher über den Golfsport, aber es gibt nur wenige, die sich mit dem Golfspieler selbst beschäftigen und ihm – vom Einsteiger bis zum Leistungsspieler – helfen, sein eigenes Spiel zu verbessern. Deshalb war es mir wichtig, dieses Buch zu schreiben.

Das Buch ist kein Rezeptbuch: aber es hilft dem Spieler, seinen Weg zu besserem Golf zu finden. So wie uns ein Kompass den richtigen Weg weist, hilft eine umfassende Leistungsanalyse jedem Spieler, die notwendige Orientierung auf seinem Weg zu einem besseren Golfspiel zu finden. Der Golfsport ist sehr komplex und das Angebot unüberschaubar. Viele Spieler fühlen sich hilflos und verwirrt, so als hätte man sie in einem Wald ausgesetzt und sie müssten nun alleine ihren Weg nach Hause finden. Mit Karte und Kompass wäre es deutlich leichter, das Ziel auf dem kürzesten Weg zu erreichen. Ohne diese Hilfsmittel irren die meisten Menschen hilflos durch den Wald und müssen viele Umwege in Kauf nehmen, bevor sie ihr Ziel erreichen.

Beim Golfspiel ist es ähnlich. Nur wenige Golfspieler erreichen die ihnen mögliche Spielstärke. Obwohl sie viel Zeit und Geld investieren, ist das Training oftmals plan- und orientierungslos und erinnert an einen durch den Wald irrenden Menschen, der nicht weiß, wo es langgehen soll. Es fehlt der Wegweiser, der den kürzesten und effizientesten Weg zum Ziel – dem besseren Golfspiel – zeigt. Egal, ob Sie gerade erst mit dem Golfspielen anfangen oder schon zu den guten Spielern gehören, für alle gilt: Nur wer das Richtige trainiert, wird sein Potenzial voll ausschöpfen können. Selbst ein Single-Handicap-Spieler hat oft noch nicht sein bestes Golf erreicht; er hat zwar Talent, aber auch bei ihm gibt es einzelne Schwächen, die verhindern, dass er sein optimales Ergebnis erzielt. Vielleicht könnte er die Landesmeisterschaft oder die nationale Meisterschaft gewinnen, wenn er wüsste, wo er seinen Trainingsschwerpunkt setzen muss.

Dabei hilft dieses Buch. Es zeigt den Spielern aller Leistungsstärken, wie gut sie in den golfrelevanten Bereichen sind. In vier Quadranten – Golftechnik, Geist, Körper + Athletik sowie Ausrüstung –, die wiederum in jeweils neun Untergruppen unterteilt sind, erhält der Golfspieler eine klare Aussage, wo seine Schwächen sind und was er trainieren muss, um besser zu werden. Der Golfsport ist so vielseitig, dass die meisten Spieler und teilweise auch die Trainer nicht alle für eine optimale Leistung wichtigen Bereiche sowie deren gegenseitige Beeinflussung berücksichtigen.

Durch eine ganzheitliche Leistungsanalyse erfahren Sie für jeden Haupt- und Unterbereich Ihr persönliches Handicap und sehen dann ganz schnell, wo Ihre Stärken und Schwächen liegen. Alle Tests in den Quadranten Golftechnik, Geist sowie Körper + Athletik sind so angelegt, dass Sie sie selbst und mit nur wenigen Hilfsmitteln durchführen können. Nur für den Bereich Ausrüstung brauchen Sie einen kompetenten Clubfitter. Sie können sich zwar anhand der Beschreibungen in diesem Kapitel ein erstes Bild machen, ob Ihre Schläger zu Ihnen passen; um ganz sicher zu gehen, sollten Sie aber ein professionelles Schlägerfitting machen lassen.

Ich wünsche Ihnen viel Vergnügen beim Lesen und Testen. Machen Sie die Tests so häufig wie möglich; alleine die Durchführung sorgt schon für mehr Trainingsqualität.

Viel Erfolg für Ihr Golfspiel!

Ihr Mark Mattheis

DIE GANZHEITLICHE GOLF-LEISTUNGSANALYSE

Die ganzheitliche Leistungsanalyse zeigt Ihnen wie ein Kompass, welchen Weg Sie beschreiten müssen, um Ihr Golfspiel zu verbessern. Sie ist ganz einfach und ohne großen Aufwand durchzuführen. Sie können in jedem beliebigen Bereich mit einem Test anfangen und sehen dann schnell, wo Sie stehen. Beginnen Sie mit dem Bereich, in dem Sie besonders gut sind – vielleicht sogar besser als Ihr Handicap –, oder starten Sie dort, wo Sie einen großen Trainingsbedarf vermuten. Am Schluss des Buchs finden Sie Ihren persönlichen Golf-Kompass, in den Sie Ihre Ergebnisse eintragen können. Sie können die Tests regelmäßig wiederholen und Ihren Golf-Kompass immer wieder aktualisieren.

Der Golf-Kompass eines perfekten Spielers würde so aussehen:

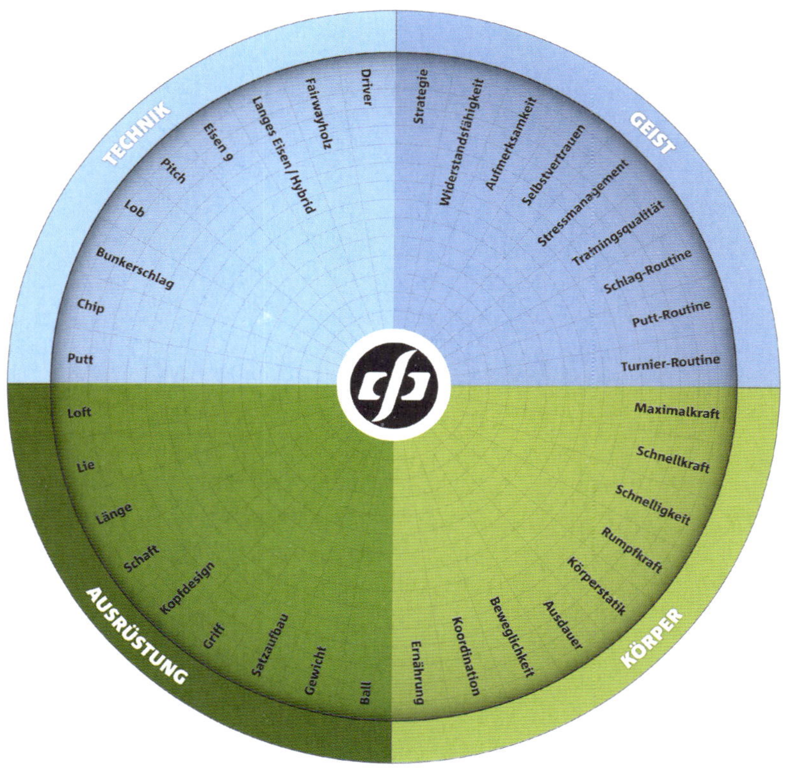

Sie sehen am Rand die vier Hauptrichtungen:

Golftechnik
Geist
Körper + Athletik
Ausrüstung

Jede Hauptrichtung ist in neun Felder unterteilt:

Golftechnik

Putt, Chip, Bunkerschlag, Lob, Pitch, Eisen 9, langes Eisen/Hybrid, Fairwayholz, Driver

Geist

Strategie, Widerstandsfähigkeit, Aufmerksamkeit, Selbstvertrauen, Stressmanagement, Trainingsqualität, Schlagroutine, Puttroutine, Turnierroutine

Körper

Maximalkraft, Schnellkraft, Schnelligkeit, Rumpfkraft, Körperstatik, Ausdauer, Beweglichkeit, Koordination, Ernährung

Ausrüstung

Loft, Lie, Länge, Schaft, Kopfdesign, Griff, Satzaufbau, Gewicht, Satzaufbau

Zu jedem einzelnen Feld finden Sie in diesem Buch Tests, die Ihnen zeigen, welches spezielle Handicap Sie in diesem Bereich haben. Tragen Sie alle Ergebnisse in Ihren persönlichen Golf-Kompass ein und Sie kennen Ihr Golfprofil. Sie sehen auf einen Blick, wo Ihre Stärken und Schwächen liegen, was Sie intensiver trainieren müssen und welche Stärken Sie für Ihre Spielstrategie nutzen können. Sie werden jetzt einwenden, dass Sie auch ohne Tests wissen, was in Ihrem Golfspiel gut oder schlecht ist. Meine Erfahrungen aus der Praxis zeigen allerdings, dass sich viele Spieler falsch einschätzen und dass oftmals die wirkliche Ursache für beispielsweise schlechtes Putten oder den zu kurzen Drive nicht bekannt ist. Erst eine komplette Analyse zeigt dem Spieler und seinem Trainer, wo er in den einzelnen Bereichen steht, welche Schwächen er in seinem Spiel hat und wie sie behoben werden können.

Auf den folgenden Seiten möchte ich diese Zusammenhänge an einigen Beispielen näher erläutern.

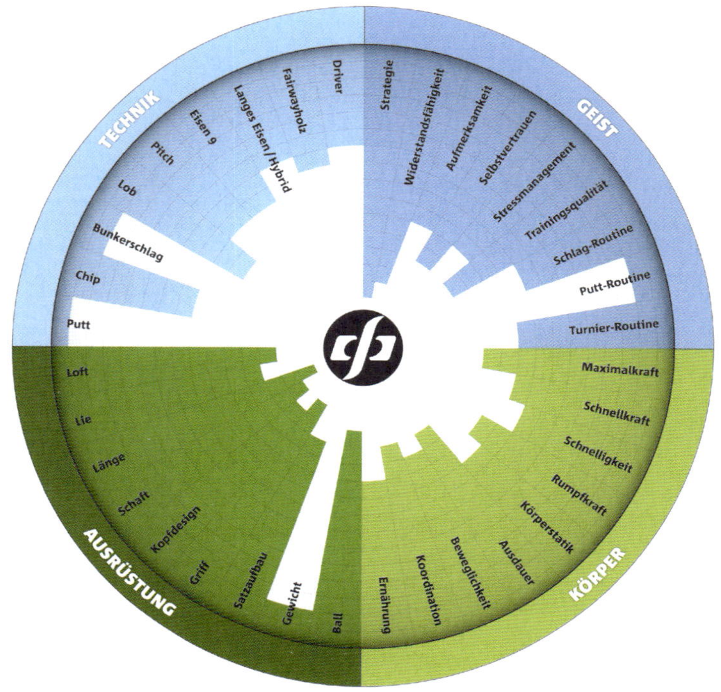

Das ist die Analyse von Moritz, er hat Handicap 20. Deutlich sieht man, dass Putten und Bunkerspiel zu Moritz' Schwächen gehören. Vermutlich wusste er das schon vorher; dass er aber Handicap 40 beim Putten und 36 im Bunker hat, sollte ihn schon erschrecken. Wenn man sich die anderen Quadranten ansieht wird klar, dass Moritz im mentalen Bereich besser ist als sein Handicap, dass aber seine Puttroutine am schlechtesten ist. Darin dürfte ein wesentlicher Grund für sein schlechtes Putten liegen. Moritz sollte also neben der Putt-Technik und dem Putt-Training auch an seiner Puttroutine arbeiten. Im Bereich Fitness gibt es keine Anhaltspunkte für sein schlechtes Putten. Im Bereich Ausrüstung wird klar, dass sein Schwunggewicht nicht passend ist. Sollte es sich hierbei um das Schwunggewicht des Putters handeln, ist das ein weiterer Faktor für sein schlechtes Putt-Handicap. Mit diesen Informationen sollte Moritz nun in den nächsten Wochen ein sinnvolles Putt- und Bunker-Training machen. Wenn sich sein Handicap in diesen Bereichen trotzdem nicht deutlich verbessert, muss er zu seinem Professional gehen und seine Putt- und Bunker-Technik mit ihm besprechen. Ein kompetenter Professional wird auch die Puttroutine analysieren und verbessern, und er wird dem Golfspieler die richtigen Trainingsaufgaben mitgeben. Falls eine Werkstatt auf der Anlage ist, sollte der Spieler mit verschiedenen Schwunggewichten Putten üben und herausfinden, welches für ihn am geeignetsten ist.

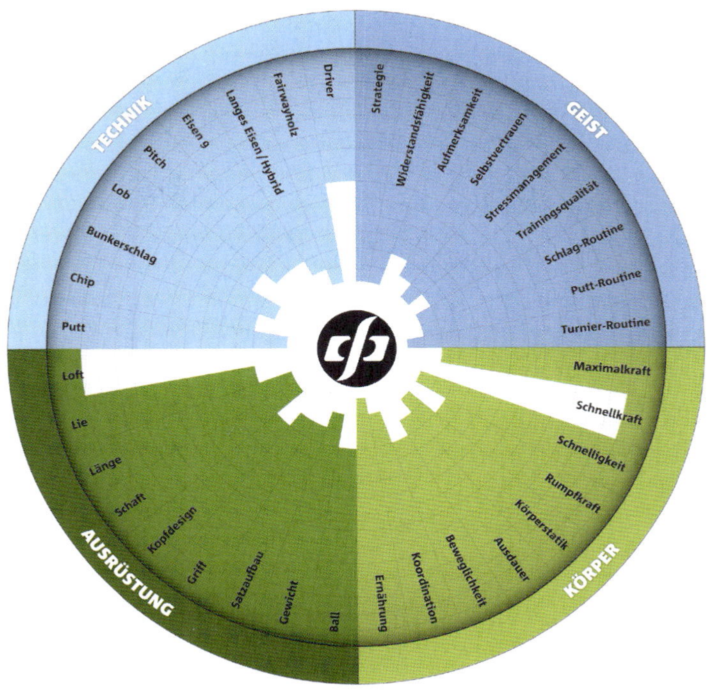

Carsten hat ein Handicap von 8, er möchte aber noch viel besser werden. Was sofort auffällt, ist seine Schwäche beim Driven. Bei genauerem Betrachten stellt man fest, dass nicht die Richtung, sondern die fehlende Länge ihn zu einem schlechten Driver macht. Carsten geht häufig auf die Driving Range und übt viel Driven, aber er wird nicht besser. Erst nachdem er die komplette Analyse gemacht hat, wurde klar, woran es liegt: Im Bereich Fitness hat Carsten bei Schnellkraft ein Handicap von 19; außerdem stellte sich beim Test am Launchmonitor heraus, dass sein Driver zwei Grad zu wenig Loft hat und er dadurch 15 Meter an Länge verliert. Durch den Kauf eines neuen Drivers hat er sein Handicap im Bereich Driven auf 10 verbessert. Zusätzlich arbeitet er jetzt mit einem Athletiktrainer an seiner Schnellkraft, um noch besser zu werden.

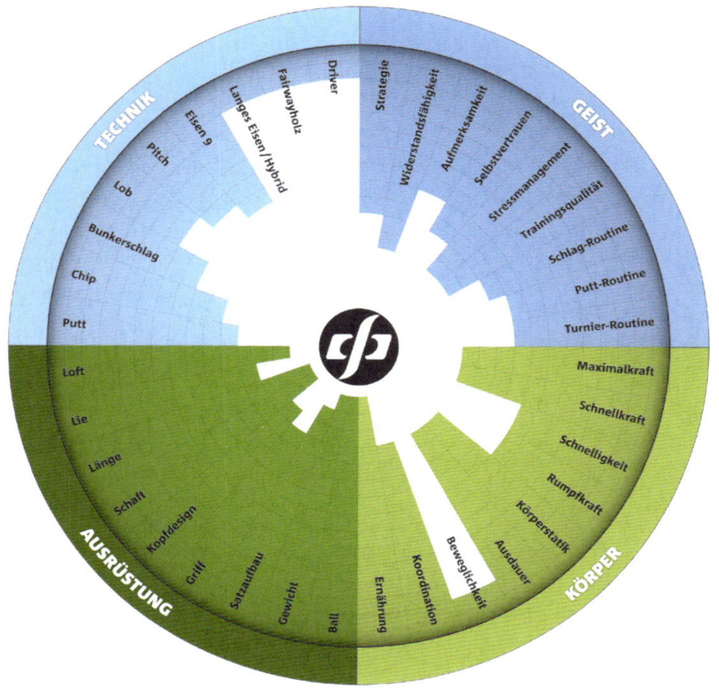

Helmut ist 72 Jahre alt und hat ein Handicap von 25. Sowohl der mentale Bereich als auch die Ausrüstung sind bei Helmut passend. Der Golftechnik-Quadrant zeigt allerdings ein Handicap von 36 beim Drive und beim Hybrid. Es mangelt sowohl an Länge wie auch an Richtungsgenauigkeit. Der Golflehrer erkennt, dass Helmut beim Ausholen seine Arme viel zu hoch schwingt und ihm mindestens 20 Grad Schulterdrehung fehlen. Doch selbst im Probeschwung bekommt er es nicht besser hin. Durch diese Bewegung verliert Helmut gut 20 Meter an Länge und hat wenig Präzision. Der Kompass zeigt, dass Helmut im Bereich Beweglichkeit ebenfalls ein Handicap von 36 hat. Schaut man genau nach, ist die Beweglichkeit in seiner Oberkörperrotation eingeschränkt. Ein Besuch beim Arzt bestätigt, dass Helmut keine körperlichen Einschränkungen hat, sondern nur seine Beweglichkeit trainieren muss. Nach sechs Wochen Arbeit mit einem Physiotherapeuten kann Helmut seinen Oberkörper voll aufdrehen. Sein Schwung hat sich dadurch deutlich verbessert; inzwischen spielt er ein Handicap von 20 und hat außerdem noch große Freude am Fitnesstraining.

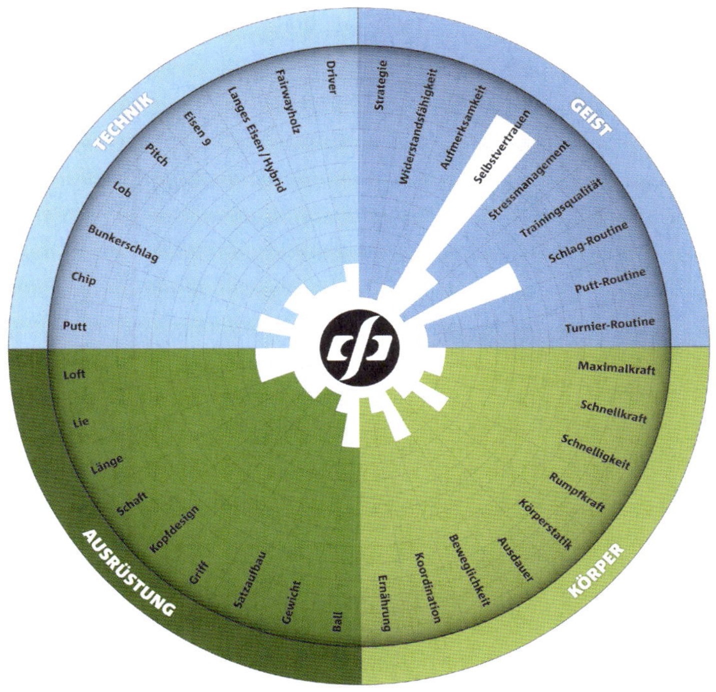

Janine hat Handicap 3. Ihr Testergebnis bestätigt, dass Janine eine tolle Spielerin ist. Im Golftechnik-Quadranten ist ihr schlechtestes Handicap 5 beim Chippen, sonst hat sie Handicap 0 und besser. Ihre Ausrüstung ist gut angepasst, und körperlich ist sie eine der fittesten Spielerinnen, die ich kenne. Im mentalen Quadranten ist allerdings auffällig, dass ihre Schlagroutine und ihr Selbstvertrauen im Bereich von Handicap 18 sind. In Gesprächen stellte sich heraus, dass Janine, bevor sie schlägt, häufig negative Gedanken hat und sie dadurch die Schläge oft gehemmt ausführt. Durch die Arbeit mit einem Sportpsychologen wurde ihre Schlagroutine verkürzt und der Fokus mehr auf die Ausführung der Aufgabe gelenkt. Dadurch hat Janine keine Zeit mehr für negative Gedanken. Einige weitere Trainingsaufgaben und die Bestätigung, die ihr mehrere gut absolvierte Runden gaben, ließen auch ihr Selbstvertrauen wachsen.

Diese vier Beispiele zeigen deutlich, wie wichtig es ist, alle Aspekte des Golfspiels zu betrachten und zu analysieren. Erst im Zusammenspiel der vier Quadranten lässt sich der tatsächliche Ursprung einer Spielschwäche feststellen. Ohne dieses Wissen wird oftmals viel Trainingszeit vergeudet, ohne dass eine wesentliche Verbesserung eintreten kann – weil nur an den Auswirkungen, nicht aber an der Ursache selbst gearbeitet wird.

GOLFTECHNIK

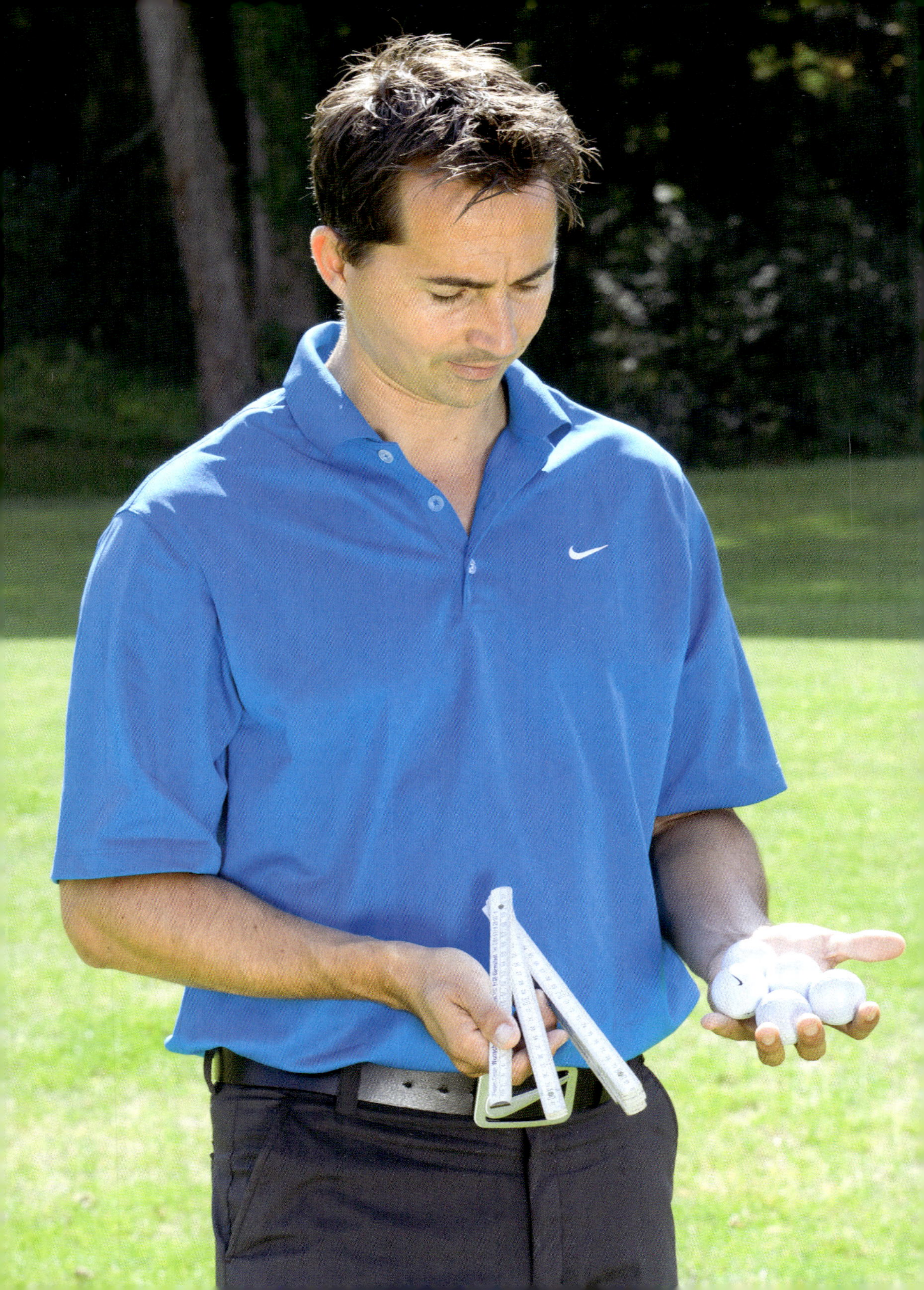

GOLFTECHNIK

Bei allen Tests im Bereich der Golftechnik brauchen Sie fünf Bälle, ein Maßband oder einen Zollstock und etwas Zeit. Die Testaufgaben sind auf den folgenden Seiten beschrieben. Auf den Seiten 38 und 39 finden Sie eine Scorekarte, in der nochmals alle Testaufgaben des Kapitels „Golftechnik" zusammengefasst sind. Tragen Sie Ihre Testergebnisse in die Scorekarte ein und vergleichen Sie anschließend Ihre Ergebnisse mit den Tabellen im Buch. Ihr jeweiliges Handicap können Sie in Ihren persönlichen Golf-Kompass am Schluss des Buchs eintragen.

Wenn Sie beim Ausführen der Tests über das ein oder andere Ergebnis überrascht sind, wiederholen Sie die Tests in diesem Bereich an einem anderen Tag. Schon die Ausführung der Testaufgaben ist ein gutes Training für Ihr Golfspiel.

VARIATIONEN DER TESTFORM

Wenn Sie den Test mit mehr als fünf Bällen durchführen, wird das Ergebnis immer genauer. Wenn Sie den Test auf Tourniveau machen möchten, empfehle ich Ihnen, die Testaufgaben mit einem Ball auf dem Golfplatz durchzuführen. Sie machen zum Beispiel am ersten Loch einen Abschlag, legen zuvor Ihre Ziellinie fest und erhalten so Ihre Drive-Distanz und Seitenabweichung. Danach gehen Sie auf eine Distanz, die sich für eine andere Testaufgabe anbietet. Sollte es ein Par 5 sein, können Sie Ihr längstes Fairwayholz testen und wieder Länge und Seitenabweichung messen. Aufs Grün können Sie ebenfalls den Schlag machen, der sich anbietet, und auf dem Grün entweder einen langen oder einen kurzen Putt ausführen. Diese Testform dauert zwar am längsten, hat aber die höchste Aussagekraft. Zur Durchführung benötigen Sie ein GPS-Messgerät oder einen Laser. Ideal machen Sie den Test mit einem Partner.

DER PUTT

Auf den ersten Blick ist der Putt die einfachste Schlagart im Golf. Fast alle Anfänger treffen den Ball schon nach kurzer Zeit ordentlich. Was allerdings viele übersehen ist, dass das Putten der präziseste Teil des Golfspiels ist und wir uns nicht mit ordentlich getroffenen Putts zufriedengeben können. Das Golfloch hat einen Durchmesser von nur 10,8 Zentimeter, und wenn der Ball auch nur einen Zentimeter neben dem Loch liegen bleibt, haben Sie diesen Schlag verloren. Wenn Sie im langen Spiel einen schlechten Schlag machen, können Sie diesen oft durch einen folgenden guten Schlag wieder ausgleichen. Doch ein verschobener Putt ist nicht wiedergutzumachen. Deshalb sollten Sie von Beginn an dem Putten einen hohen Stellenwert einräumen.

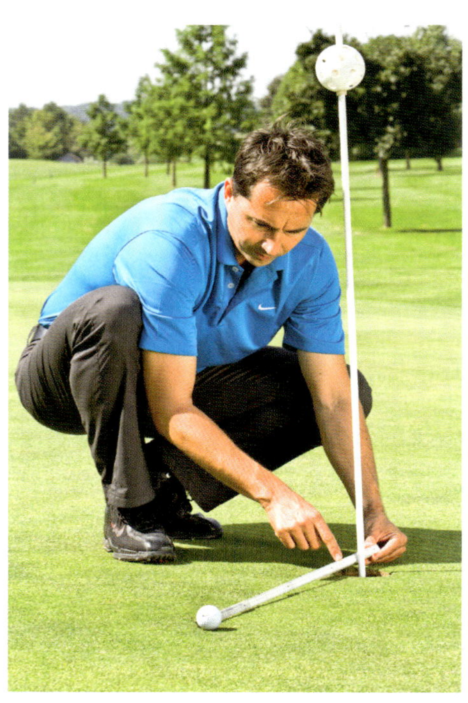

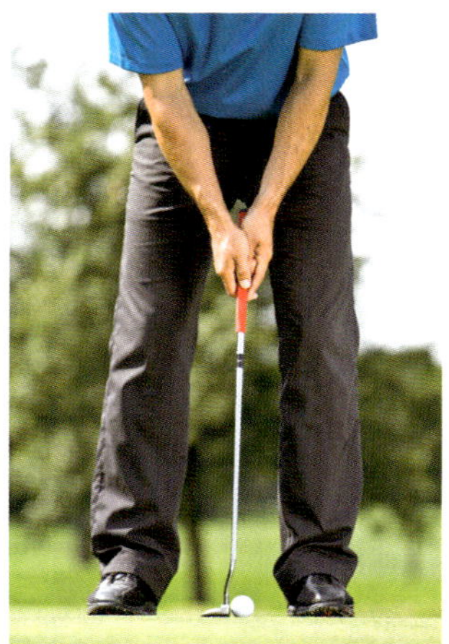

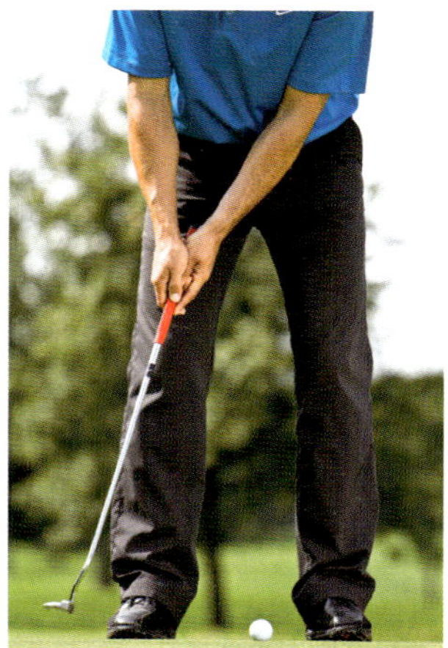

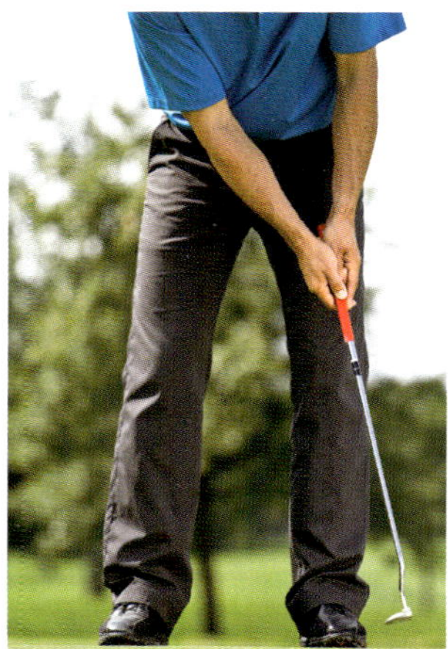

DER PUTT-TEST

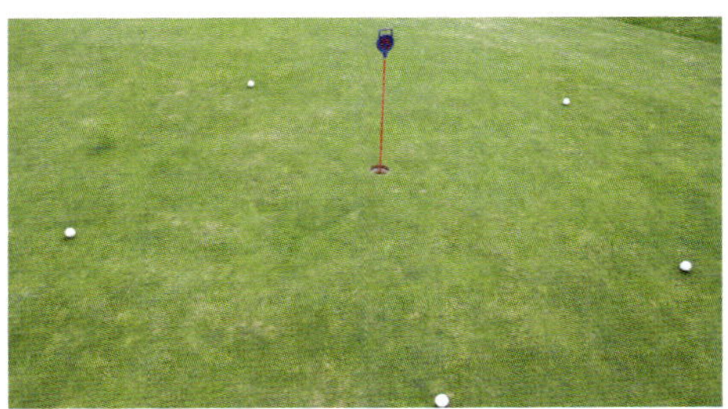

Für Ihren Putt-Test machen Sie jeweils fünf Putts aus einem Meter, aus 1,5 Meter und aus zwei Meter Entfernung auf ein Loch. Dabei sollte jeder Putt aus einer anderen Richtung gespielt werden. Die Anzahl der insgesamt gelochten Putts ergibt Ihr Handicap für kurze Putts.

Anschließend machen Sie noch fünf Putts aus 15 Meter Entfernung und errechnen die Durchschnittsabweichung vom Loch. Auch hier ist es optimal, wenn Sie immer einen etwas anderen Startpunkt wählen. Ihr Handicap für lange Putts entnehmen Sie der unteren Tabelle.

Ihr Putt-Handicap, das Sie in Ihren persönlichen Golf-Kompass eintragen, ist der Mittelwert aus diesen beiden Testergebnissen.

Anzahl der gelochten Putts aus 1 Meter / 1,5 Meter / 2 Meter														
14	**13**	**12**	**11**	**10**	**9**	**8**	**7**	**6**	**5**	**4**	**3**	**2**	**1**	**0**
Handicap														
+5–+3	**+2–0**	**1–3**	**4–6**	**7–9**	**10–12**	**13–16**	**17–20**	**21–24**	**25–28**	**29–32**	**33–36**	**37–42**	**43–48**	**49–54**

Durchschnittliche Abweichung der Putts aus 15 Meter Entfernung (m)														
0,3	**0,5**	**0,7**	**0,9**	**1,1**	**1,3**	**1,5**	**1,7**	**1,9**	**2,2**	**2,5**	**2,8**	**3,1**	**3,4**	**3,7**
Handicap														
+5–+3	**+2–0**	**1–3**	**4–6**	**7–9**	**10–12**	**13–16**	**17–20**	**21–24**	**25–28**	**29–32**	**33–36**	**37–42**	**43–48**	**49–54**

DER CHIP

Wenn sich Ihr Ball schon fast auf dem Grün befindet, sollten Sie auch als Anfänger in der Lage sein, ihn mit dem Chip-Schlag möglichst nahe an die Fahne zu spielen. Je besser Sie in Ihrem Golfspiel werden, umso öfter sollten Sie nach einem Chip den Ball mit nur einem Putt lochen oder an ganz guten Tagen auch den Chip direkt lochen. Wenn Sie den Chip-Schlag richtig gut beherrschen, sollte Ihr Chip fast die Qualität eines guten Putts erreichen.

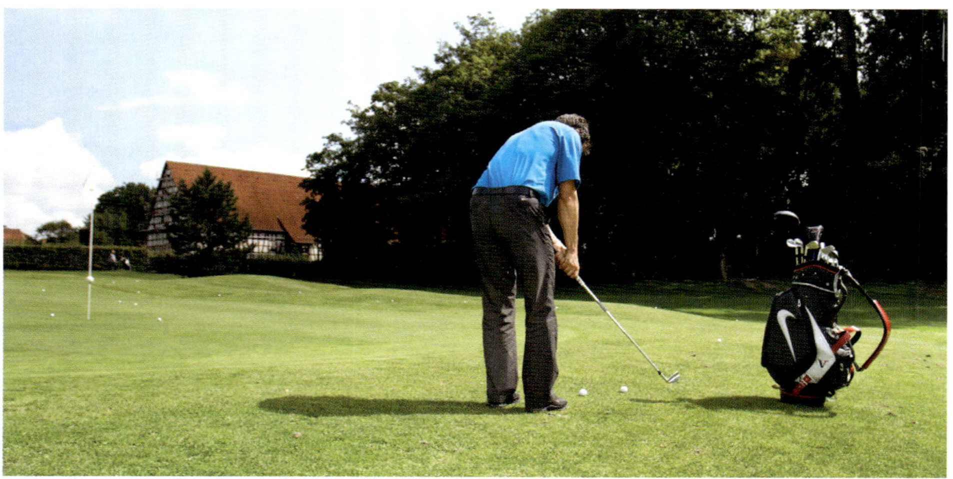

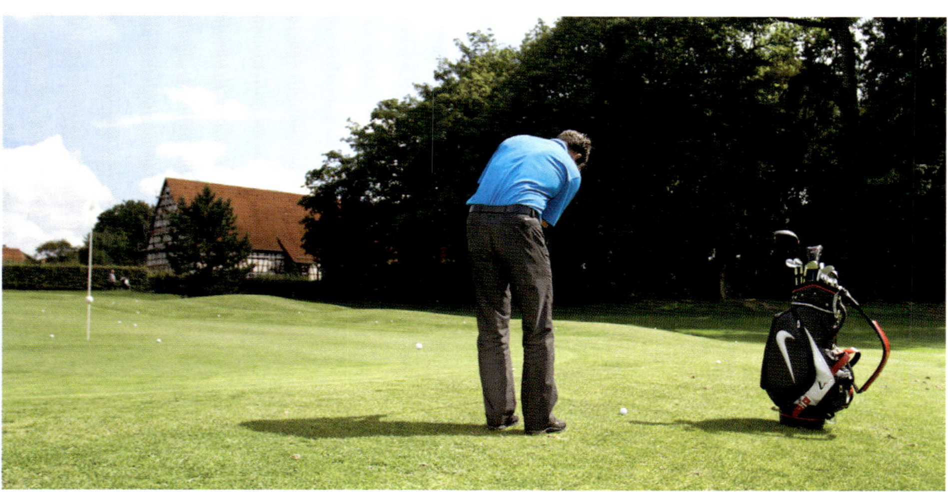

DER CHIP-TEST

Für den Chip-Test machen Sie zunächst fünf Chips aus acht Meter Entfernung zur Fahne. Die Distanz zum Grünanfang sollte etwa zwei Meter betragen. Sie können den Ball so gut auf das Gras legen wie Sie möchten. Die fünf kurzen und fünf langen Chips können Sie jeweils von derselben Position spielen und müssen nicht nach jedem Schlag Ihren Standort wechseln. Die einzige Vorgabe ist, Sie dürfen keinen Putter verwenden; jeder andere Schläger ist erlaubt.

Die fünf langen Chips spielen Sie aus 25 Meter an die Fahne mit einem Abstand zum Grünanfang von etwa fünf Meter. Ansonsten gilt das gleiche wie bei den kurzen Chips.

Ihr Chip-Handicap für den Golf-Kompass ergibt sich aus dem Mittelwert der beiden Unterhandicaps.

Durchschnittliche Abweichung der Chips aus 8 Meter Entfernung (m)														
0,4	**0,6**	**0,8**	**1,0**	**1,2**	**1,4**	**1,6**	**1,8**	**2,0**	**2,3**	**2,6**	**2,9**	**3,3**	**3,7**	**4,1**
Handicap														
+5–+3	**+2–0**	**1–3**	**4–6**	**7–9**	**10–12**	**13–16**	**17–20**	**21–24**	**25–28**	**29–32**	**33–36**	**37–42**	**43–48**	**49–54**

Durchschnittliche Abweichung der Chips aus 25 Meter Entfernung (m)														
0,6	**0,9**	**1,2**	**1,5**	**1,8**	**2,1**	**2,5**	**2,9**	**3,3**	**3,7**	**4,1**	**4,5**	**5,0**	**5,5**	**6,0**
Handicap														
+5–+3	**+2–0**	**1–3**	**4–6**	**7–9**	**10–12**	**13–16**	**17–20**	**21–24**	**25–28**	**29–32**	**33–36**	**37–42**	**43–48**	**49–54**

DER BUNKERSCHLAG

Zu Beginn Ihrer Golflaufbahn sollte es Ihr Ziel sein, den Ball aus dem Bunker herauszubekommen und auf dem Grün zu platzieren. Je besser Sie werden, umso wichtiger ist es, dass Sie den Ball aus dem Bunker nahe an die Fahne spielen. Auch aus psychologischer Sicht spielt es eine große Rolle, dass Sie den Bunkerschlag sicher beherrschen. Ihre Angst vor dem Bunker führt dazu, dass Sie schon beim Schlag zum Grün versuchen, dem Hindernis auszuweichen und sich einen zusätzlichen Schlag einhandeln. Je besser Sie werden, desto häufiger werden Sie anspruchsvolle Turniere spielen, bei denen Sie mit schweren, nahe am Bunker gesteckten Fahnenpositionen konfrontiert sind. Spätestens dann sollten Sie diesen Schlag gut meistern können.

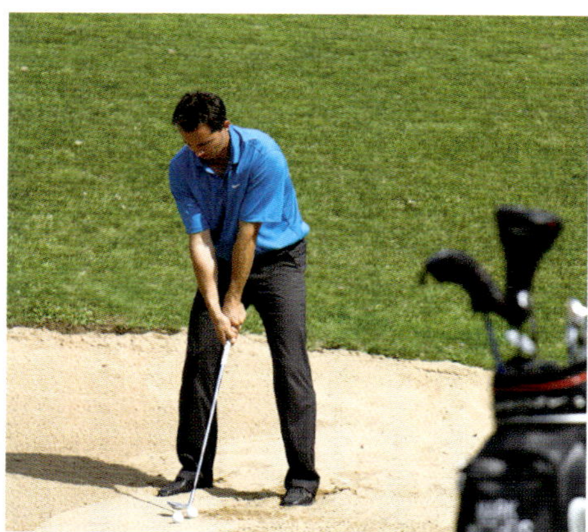

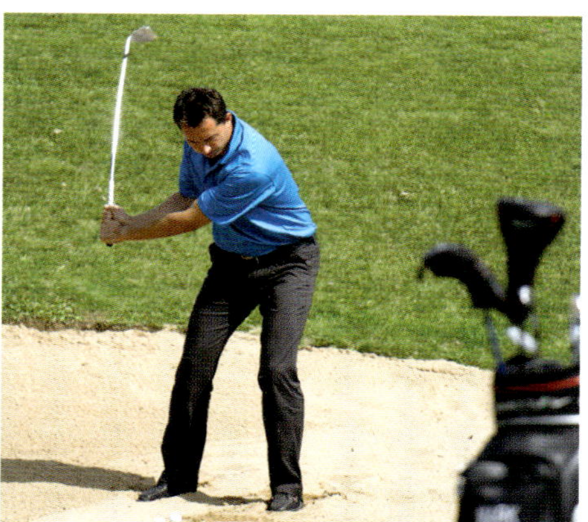

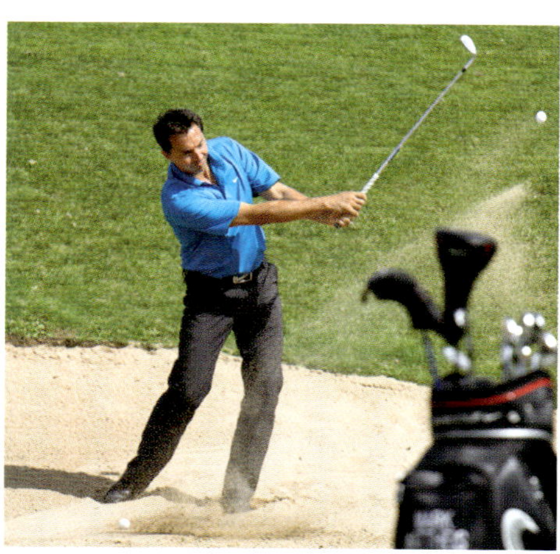

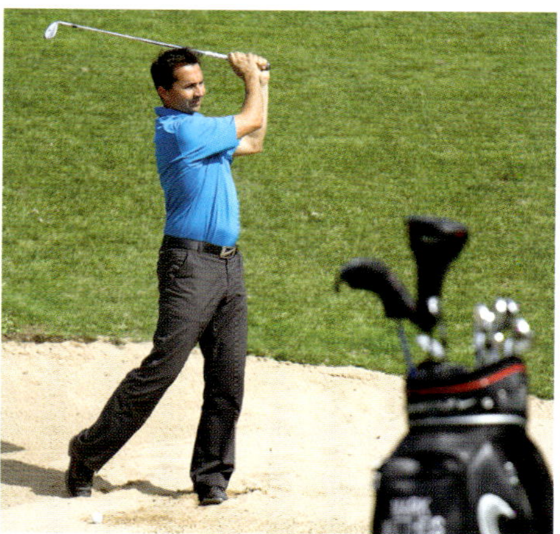

DER TEST FÜR DEN BUNKERSCHLAG

Um Ihr Bunker-Handicap zu erhalten, machen Sie zunächst fünf Schläge aus dem Bunker zu einem zehn Meter entfernten Ziel. Legen Sie den Ball auf eine ganz flache Sandstelle. Idealerweise harken Sie vor den Schlägen den Bunker und legen dann die Bälle auf den glatten Sand.

Anschließend machen Sie noch fünf Schläge aus dem Bunker zu einem Ziel in 25 Meter Entfernung. Der Ball liegt auch hierbei auf einer flachen, glatten Sandstelle.

Ihr Bunker-Handicap ist der Durchschnitt aus den beiden Einzelhandicaps.

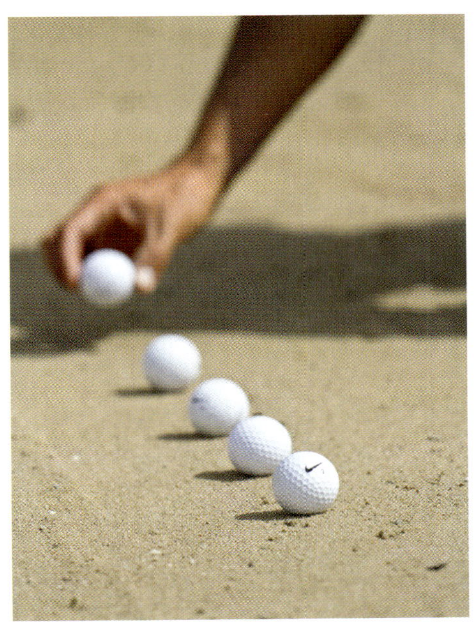

Durchschnittliche Abweichung der Bunkerschläge aus 10 Meter Entfernung (m)														
0,6	1,0	1,4	1,9	2,4	2,9	3,5	4,1	4,7	5,4	6,1	6,8	7,6	8,4	9,2
Handicap														
+5– +3	+2– 0	1– 3	4– 6	7– 9	10– 12	13– 16	17– 20	21– 24	25– 28	29– 32	33– 36	37– 42	43– 48	49– 54

Durchschnittliche Abweichung der Bunkerschläge aus 25 Meter Entfernung (m)														
1,0	1,5	2,0	2,8	3,6	4,4	5,4	6,4	7,4	8,6	9,8	11,0	12,4	13,8	15,2
Handicap														
+5– +3	+2– 0	1– 3	4– 6	7– 9	10– 12	13– 16	17– 20	21– 24	25– 28	29– 32	33– 36	37– 42	43– 48	49– 54

DER LOB-SCHLAG

In der ersten Zeit Ihres Golferlebens wird der Lob-Schlag für Sie eine untergeordnete Rolle spielen. Wenn Sie in eine Situation geraten, bei der der Ball kurz hinter einem Hindernis landen und sofort stoppen muss, sollten Sie als Anfänger lieber einen normalen Chip- oder Pitch-Schlag aufs Grün machen und einen langen Putt in Kauf nehmen. Je besser Sie werden, umso wichtiger wird es für Sie aber, genau diesen auf 18 Löchern nur einmal vorkommenden Schlag so gut zu spielen, dass Sie die schwere Situation mit einem Lob-Schlag und einem Putt meistern. Es ist sinnvoll, schon früh diesen Schlag zu testen, um für Ihre Spielstrategie entscheiden zu können, was Sie beherrschen und was noch nicht.

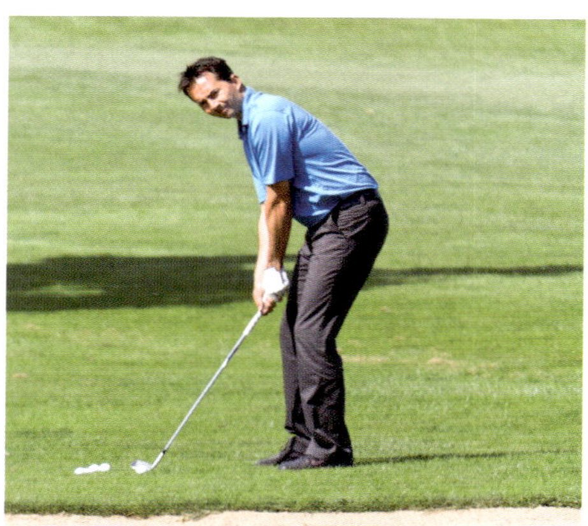

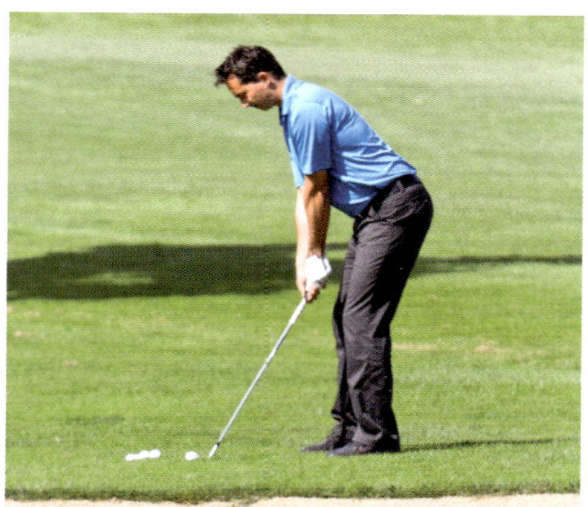

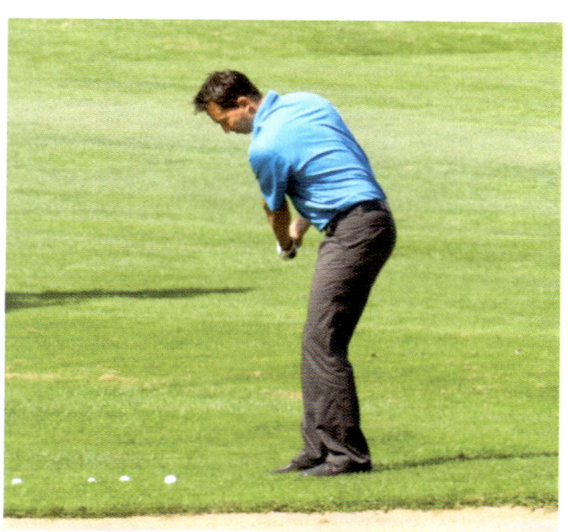

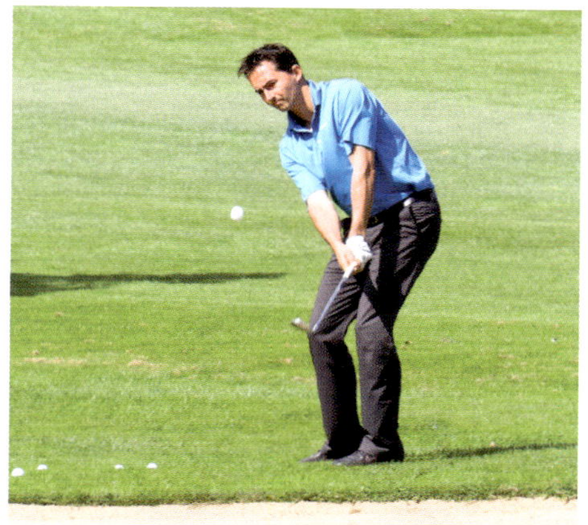

DER TEST FÜR DEN LOB-SCHLAG

Um Ihr Lob-Handicap zu erhalten, machen Sie fünf Schläge aus 15 Metern zum Ziel. Beim Lob stehen Sie zwölf Meter vom Grünanfang entfernt und haben nur drei Meter zwischen dem Grünrand und der Fahne. Ideal ist vor dem Grün ein Bunker. Jedem Schlag, der vor dem Grün landet, fügen Sie fünf Strafmeter hinzu, da Ihr Ball im normalen Spiel vermutlich in einer extrem schweren Situation (Steckschuss in der Bunkerkante, Wasser et cetera) liegen würde. Beim Lob-Schlag zeigt sich der wirklich gute Spieler und Stratege.

Durchschnittliche Abweichung der Lob-Schläge aus 15 Meter Entfernung (m)														
1,0	**1,5**	**2,0**	**2,6**	**3,2**	**3,8**	**4,5**	**5,2**	**5,9**	**6,7**	**7,5**	**8,3**	**9,2**	**10,1**	**11,0**
Handicap														
+5–+3	**+2–0**	**1–3**	**4–6**	**7–9**	**10–12**	**13–16**	**17–20**	**21–24**	**25–28**	**29–32**	**33–36**	**37–42**	**43–48**	**49–54**

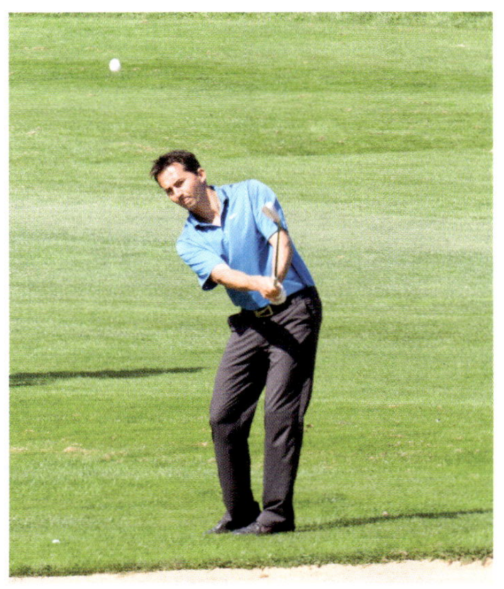

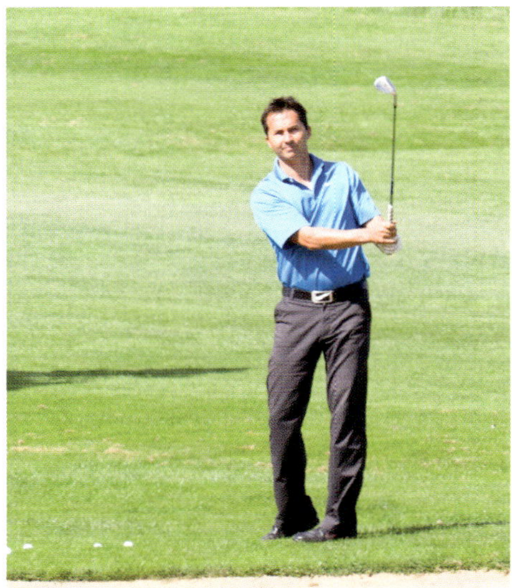

DER PITCH

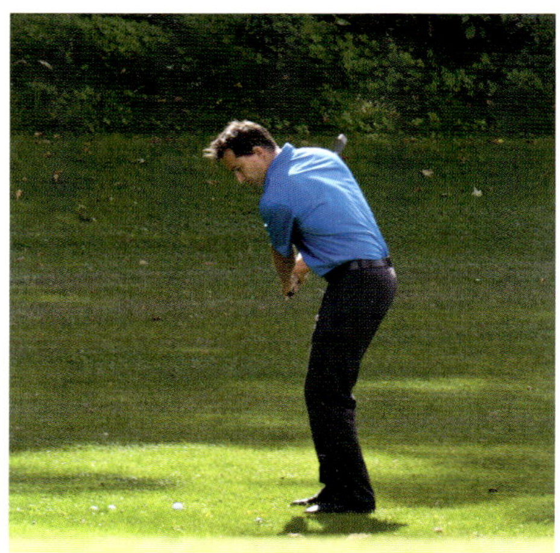

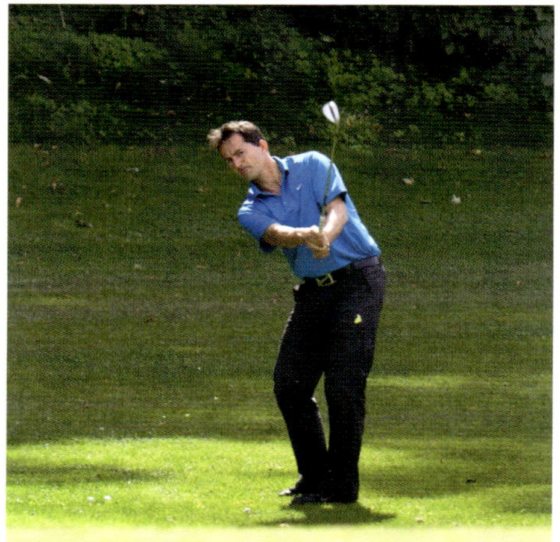

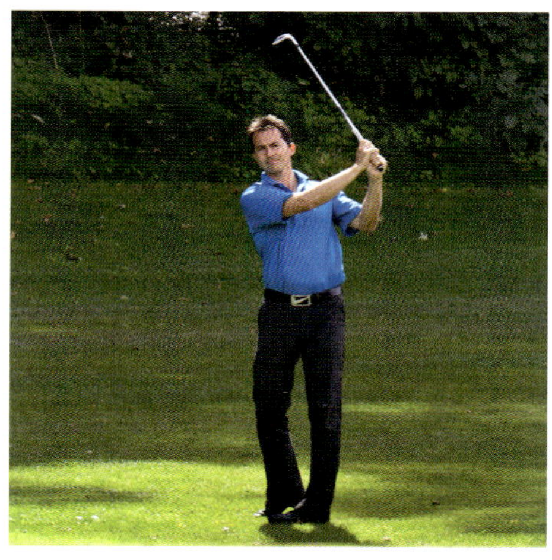

Mit dem Pitch-Schlag sollten Sie idealerweise Ihre Golfkarriere beginnen: Er beinhaltet alle Elemente des vollen Schwungs, ist aber für den Anfänger einfacher zu trainieren. Viele Golflehrer empfehlen dem Golfeinsteiger, anfangs vorwiegend Putten und Chippen zu üben, weil es sich dabei um eine leicht zu erlernende Einhebelbewegung handelt. Ich habe die Erfahrung gemacht, dass diese Schüler dann häufig Probleme mit dem Timing haben, sobald der zweite Hebel hinzukommt; sie wissen nicht, wann und wie sie den zweiten Hebel setzen sollen. Wer das Golfspiel mit dem Pitchen beginnt, entwickelt von Anfang an ein gutes Gefühl für das Timing. Es kommt hinzu, dass die körperliche Belastung beim Pitchen geringer ist, so dass auch bei längerem Üben weniger Verletzungsgefahr besteht. Das spielt besonders für den Anfänger eine Rolle, bei dem die spezielle Muskulatur noch nicht so gut ausgebildet ist.

Beim Pitchen geht es zunächst darum, einen guten Ballkontakt herzustellen; mit zunehmender Spielstärke werden die präzise Dosierung, die Flughöhe und die Spin-Kontrolle immer wichtiger. Ein guter Pitch-Schlag kann Ihren Score retten, wenn ein langer Schlag misslungen ist.

DER PITCH-TEST

Sie spielen jeweils fünf Bälle aus zwei verschiedenen Distanzen auf ein Ziel. Der 20-Meter-Pitch sollte etwa zehn Meter vom Grünanfang entfernt gespielt werden. Sie können sich den Ball so gut auf das Gras legen wie Sie möchten. Zwischen Ihnen und dem Grün muss kein Hindernis sein.

Beim 40-Meter-Pitch sollten Sie etwa 30 Meter vom Grünanfang entfernt stehen. Messen Sie nach den Schlägen Ihre Durchschnittsabweichung vom Ziel und nehmen Sie den Mittelwert der beiden Ergebnisse für Ihr Pitch-Handicap.

Durchschnittliche Abweichung der Pitches aus 20 Meter Entfernung (m)														
0,8	**1,0**	**1,2**	**1,5**	**1,8**	**2,1**	**2,6**	**3,1**	**3,6**	**4,1**	**4,7**	**5,3**	**6,0**	**6,7**	**7,4**
Handicap														
+5– +3	**+2– 0**	**1– 3**	**4– 6**	**7– 9**	**10– 12**	**13– 16**	**17– 20**	**21– 24**	**25– 28**	**29– 32**	**33– 36**	**37– 42**	**43– 48**	**49– 54**

Durchschnittliche Abweichung der Pitches aus 40 Meter Entfernung (m)														
1,0	**1,4**	**1,8**	**2,6**	**3,4**	**4,2**	**5,2**	**6,2**	**7,2**	**8,4**	**9,6**	**10,8**	**12,2**	**13,6**	**15,0**
Handicap														
+5– +3	**+2– 0**	**1– 3**	**4– 6**	**7– 9**	**10– 12**	**13– 16**	**17– 20**	**21– 24**	**25– 28**	**29– 32**	**33– 36**	**37– 42**	**43– 48**	**49– 54**

LANGE SCHLÄGE

Beim kurzen Spiel gibt es keine unterschiedlichen Testergebnisse für Frauen und Männer; anders dagegen beim langen Spiel, bei dem die Ergebnisse geschlechterspezifisch getrennt betrachtet werden. Männer sollten grundsätzlich weiter schlagen können als Frauen, ohne dabei aber mehr zu streuen. Da bei den Handicaps für das lange Spiel Fluglänge und Abweichungsgrad gleichermaßen eine Rolle spielen, ist es etwas komplizierter, die Ergebniswerte aus den Listen zu ermitteln.

Von einem Mann, der Handicap 0 hat, erwarte ich bei einem Eisen 9 eine Carrylänge von 120 Meter und eine maximale Streuung von 4,40 Meter. Schlägt der Mann aber nur 100 Meter im Flug, so kann sein Handicap nicht besser als 7 bis 9 in diesem Bereich werden. Ist jetzt seine Streuung noch größer als acht Meter, wird sein Handicap entsprechend schlechter. Das heißt, Sie müssen erst Ihre Flugdistanz messen; diese definiert Ihr mögliches bestes Handicap. Dann schauen Sie, wie groß die Abweichung von dem zuvor festgelegten Landepunkt ist und berechnen danach das Handicap.

In der Praxis geht das folgendermaßen: Sie sagen, „mein Eisen 9 fliegt 105 Meter." Dann schlagen Sie fünf Bälle aus einer Entfernung von 105 Meter zur Fahne und messen die Pitchmarken zum Loch. Die ermittelte Durchschnittsabweichung ergibt dann Ihr Handicap für Eisen 9. Da Sie aber nur 105 Meter angegeben haben, kann Ihr Handicap bestenfalls 4 bis 6 sein, selbst wenn Sie präziser waren.

Noch ein Beispiel. Eine Frau sagt ihr Eisen 9 auf 60 Meter im Flug an. Dadurch kann sie maximal Handicap 21 bis 24 in diesem Bereich erhalten, egal wie präzise sie ist. Sollte die Durchschnittsabweichung dann noch bei 13 Meter liegen, erhält Sie nur Handicap 29 bis 32 in diesem Bereich. Das Gleiche gilt für eine Frau mit einer angegebenen Länge von 110 Meter mit dem Eisen 9. Sie kann jetzt sogar aufgrund ihrer Länge Handicap +5 erreichen. Beträgt ihre Durchschnittsabweichung aber knapp fünf Meter, hat sie tatsächlich nur Handicap 0 für diesen Bereich.

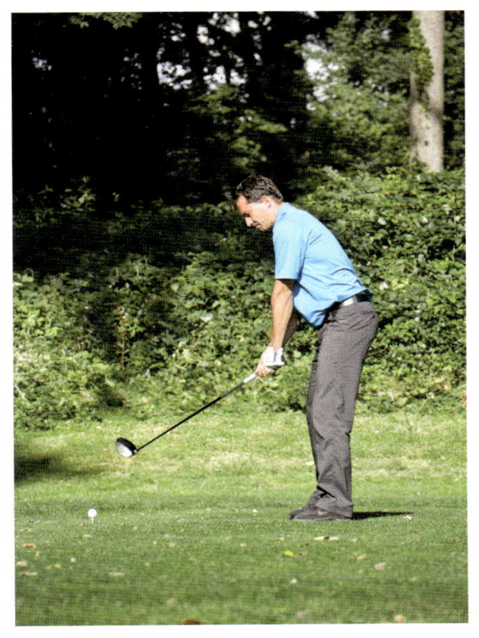

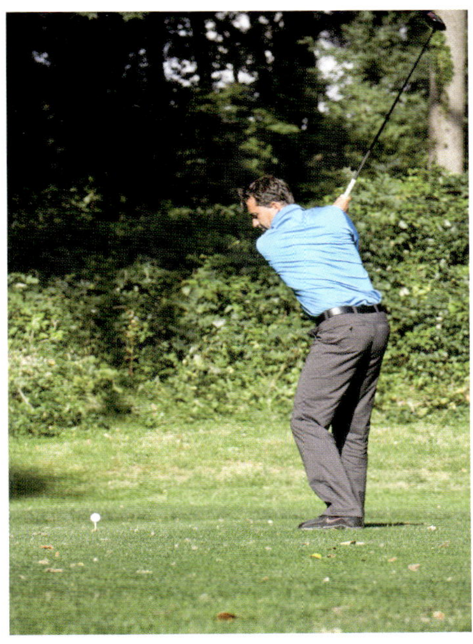

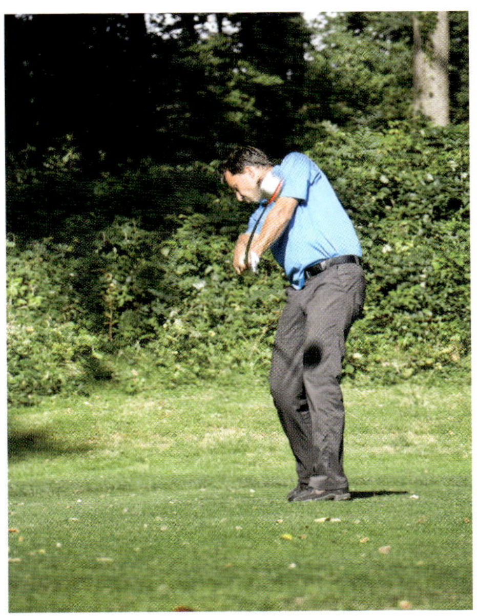

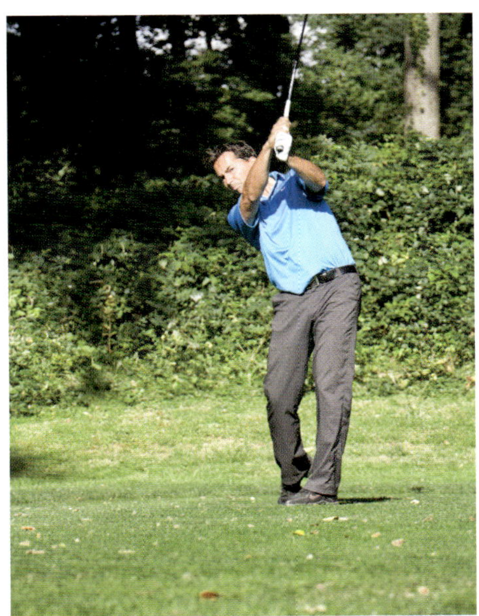

EISEN 9

Das Eisen 9 steht stellvertretend für alle kurzen Eisen (Eisen 8 bis Lobwedge). Wenn Sie ein kurzes Eisen schlagen, wollen Sie in der Regel den Ball möglichst dicht an die Fahne spielen. Zu Beginn Ihrer Golfkarriere ist es wichtig, den Ball einigermaßen gleichmäßig zu treffen, damit er auf dem Grün landet. Je besser Sie werden, desto präziser sollten Sie den Ball auf dem Grün platzieren können, das heißt Ihren gewünschten Landepunkt treffen und den Backspin kontrollieren können.

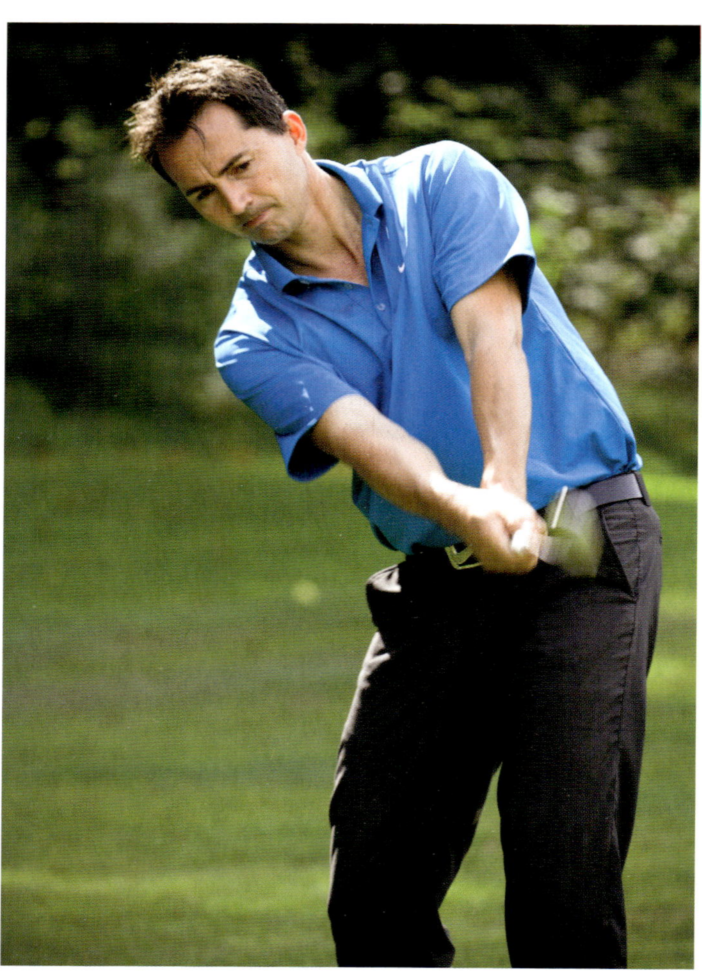

DER TEST FÜR EISEN 9

Stellen Sie zunächst fest, wie weit Sie mit dem Eisen 9 im Flug schlagen können. Gehen Sie dann auf die von Ihnen erwartete Distanz und schlagen Sie von dort fünf Bälle zur Fahne. Die Balllage darf gut, der Ball aber nicht aufgeteet sein. Auf dem Grün schreiten Sie die Distanz Ihrer Pitchmarken zum Loch ab und errechnen Ihre Durchschnittsabweichung. Beachten Sie, dass Sie maximal das Ihrer Flugdistanz entsprechende Handicap erreichen können.

Schlaglänge mit dem Eisen 9 (m) / Damen														
110	**100**	**90**	**85**	**80**	**75**	**70**	**65**	**60**	**55**	**45**	**45**	**45**	**45**	**45**
Handicap														
+5– +3	**+2– 0**	**1– 3**	**4– 6**	**7– 9**	**10– 12**	**13– 16**	**17– 20**	**21– 24**	**25– 28**	**29– 32**	**33– 36**	**37– 42**	**43– 48**	**49– 54**
Durchschnittliche Abweichung (m)														
3,6	**4,4**	**5,2**	**6,0**	**6,8**	**7,6**	**8,6**	**9,6**	**10,6**	**11,8**	**13,0**	**14,2**	**15,6**	**17,0**	**18,4**

Schlaglänge mit dem Eisen 9 (m) / Herren														
130	**120**	**110**	**105**	**100**	**95**	**90**	**85**	**80**	**75**	**70**	**65**	**60**	**60**	**60**
Handicap														
+5– +3	**+2– 0**	**1– 3**	**4– 6**	**7– 9**	**10– 12**	**13– 16**	**17– 20**	**21– 24**	**25– 28**	**29– 32**	**33– 36**	**37– 42**	**43– 48**	**49– 54**
Durchschnittliche Abweichung (m)														
4,2	**5,0**	**5,8**	**6,8**	**7,8**	**8,8**	**10,0**	**11,2**	**12,4**	**13,6**	**14,8**	**16,0**	**17,4**	**18,8**	**20,2**

DAS LANGE EISEN / HYBRID

Zu Beginn Ihrer Golfkarriere wird es für Sie noch schwierig sein, mit den langen Eisen einen guten und gleichmäßigen Ballkontakt herzustellen. Hybride erfüllen eine ähnliche Funktion wie die langen Eisen, sind aber deutlich leichter zu spielen.

Auf der Golfrunde sind diese Schläger wichtig, um aus größerer Distanz aufs Grün zu kommen und Par-3-Löcher mit dem Abschlag zu erreichen. Als Leistungsspieler werden Sie häufig auf längeren Plätzen spielen, und spätestens dann müssen Ihre langen Eisen gut kommen.

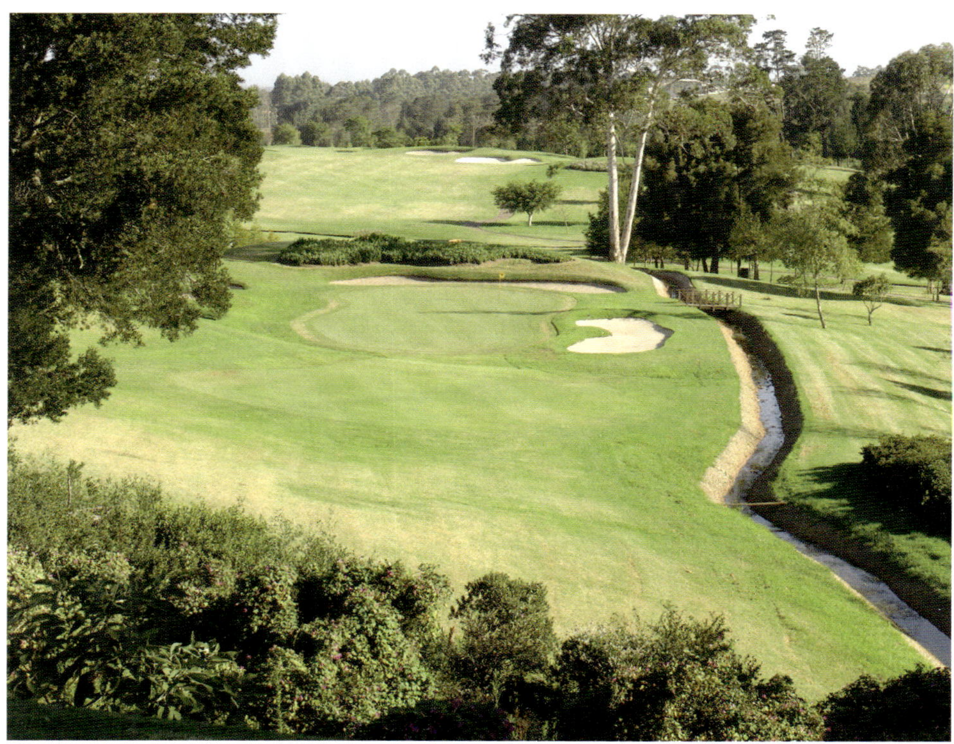

DER TEST FÜR DAS LANGE EISEN ODER HYBRID

Wenn Sie kein langes Eisen im Golfbag haben, kann für diesen Test ersatzweise auch ein Hybrid benutzt werden. Wichtig ist nur, dass der Loft des Schlägers näher am Eisen 5 als am Holz 3 ist. Ideal wäre ein Hybrid mit einem Loft von circa 26 bis 28 Grad. Ein Eisen 5 befindet sich in einem ähnlichen Bereich, allerdings kann der Loft je nach Hersteller etwas abweichen.

Stellen Sie die Schlaglänge für Ihr langes Eisen oder Hybrid fest. Suchen Sie sich ein Grün auf dem Platz, vor dem kein Hindernis ist, und eine Fahnenposition, die mindestens zehn Meter tief im Grün ist. Schlagen Sie fünf Bälle aus der zuvor festgelegten Distanz. Messen Sie nach den Schlägen die Entfernungen zwischen den Pitchmarken und der Fahne und errechnen Sie Ihre Durchschnittsabweichung.

Schlaglänge mit dem Eisen 5 oder Hybrid (m) / Damen														
145	**135**	**125**	**120**	**110**	**105**	**100**	**95**	**90**	**85**	**80**	**75**	**70**	**65**	**60**
Handicap														
+5– +3	**+2– 0**	**1– 3**	**4– 6**	**7– 9**	**10– 12**	**13– 16**	**17– 20**	**21– 24**	**25– 28**	**29– 32**	**33– 36**	**37– 42**	**43– 48**	**49– 54**
Durchschnittliche Abweichung (m)														
4,6	**5,6**	**6,6**	**7,8**	**9,0**	**10,2**	**11,4**	**12,6**	**13,8**	**15,2**	**16,6**	**18,0**	**19,4**	**20,8**	**22,2**

Schlaglänge mit dem Eisen 5 oder Hybrid (m) / Herren														
170	**160**	**150**	**140**	**130**	**125**	**120**	**115**	**110**	**105**	**100**	**95**	**90**	**85**	**80**
Handicap														
+5– +3	**+2– 0**	**1– 3**	**4– 6**	**7– 9**	**10– 12**	**13– 16**	**17– 20**	**21– 24**	**25– 28**	**29– 32**	**33– 36**	**37– 42**	**43– 48**	**49– 54**
Durchschnittliche Abweichung (m)														
5,4	**6,4**	**7,4**	**8,6**	**9,8**	**11,0**	**12,4**	**13,8**	**15,2**	**15,8**	**17,4**	**19,0**	**20,8**	**22,6**	**24,4**

DAS LÄNGSTE FAIRWAYHOLZ

Das Fairwayholz ist für mehrere Situationen im Spiel wichtig. Zu Beginn ist es der Schläger, der Ihnen Länge bringt und irgendwann Par-4-Löcher mit zwei Schlägen erreichbar macht. Ebenfalls wird es Zeiten in Ihrem Golfleben geben, in denen Sie das Fairwayholz besser treffen als Ihren Driver, ohne viel Länge einzubüßen. Von großem Nutzen ist das Fairwayholz für Leistungsspieler, um an engen Spielbahnen abzuschlagen und um Par-5-Löcher mit zwei Schlägen erreichbar zu machen.

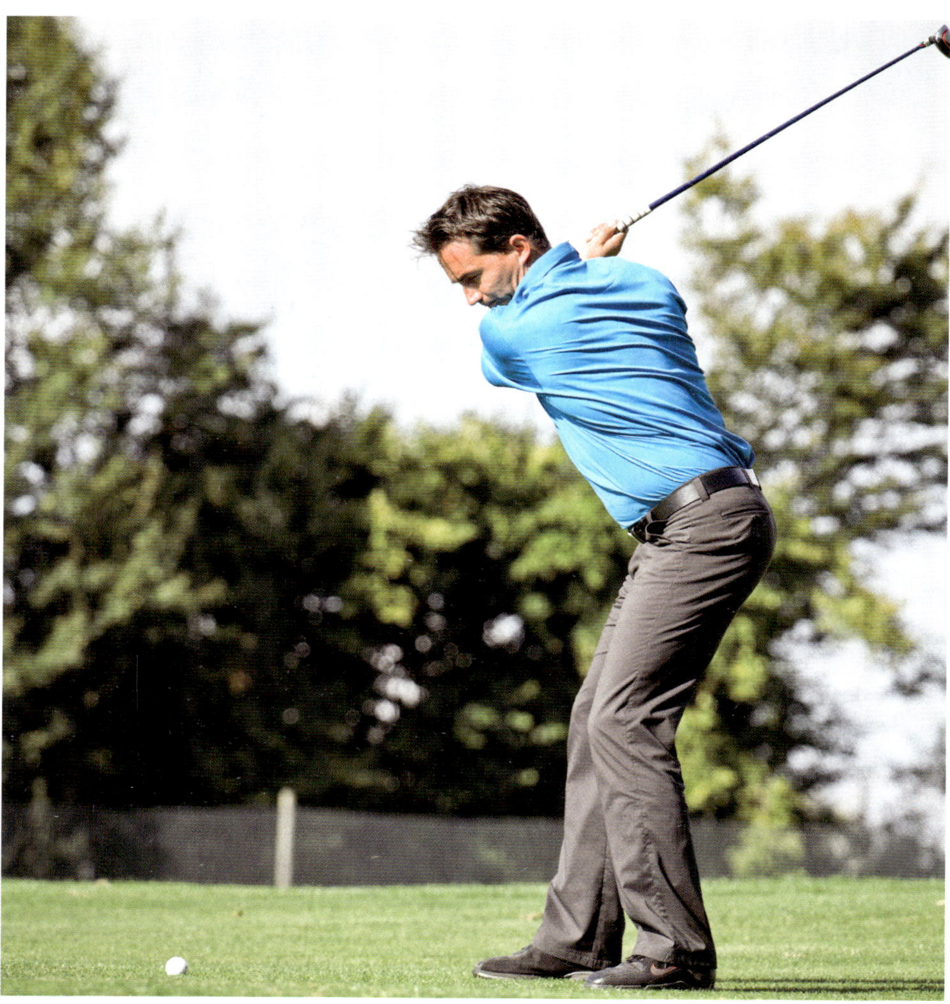

DER TEST FÜR DAS LÄNGSTE FAIRWAYHOLZ

Suchen Sie sich für diesen Test auf dem Platz ein Fairway, auf dem kein Hindernis ist. Ideal ist es, wenn das Fairway relativ eben ist, damit Ihr Ergebnis nicht durch eine Bodenwelle verschlechtert oder verbessert wird. Die Bodenverhältnisse sollten bei dem Test idealerweise weder sehr nass noch ganz trocken sein. Schlagen Sie fünf Bälle und messen Sie nach den Schlägen Ihre Durchschnittslänge. Messen Sie dann die Distanz zwischen den Bällen und der Ziellinie und errechnen Sie Ihre Durchschnittsabweichung. Ihre Durchschnittslänge bestimmt zunächst Ihr mögliches Handicap. Danach schauen Sie auf die Abweichung zur Ziellinie und erhalten so Ihr tatsächliches Handicap. Es kann aber nicht besser sein als das Handicap, dass Ihre Distanz vorgibt.

Schlaglänge mit dem längsten Fairwayholz (m) / Damen														
200	**185**	**170**	**160**	**150**	**140**	**130**	**120**	**115**	**110**	**105**	**100**	**95**	**90**	**85**
Handicap														
+5– +3	**+2– 0**	**1– 3**	**4– 6**	**7– 9**	**10– 12**	**13– 16**	**17– 20**	**21– 24**	**25– 28**	**29– 32**	**33– 36**	**37– 42**	**43– 48**	**49– 54**
Durchschnittliche Abweichung (m)														
6	**8**	**10**	**11**	**12**	**13**	**14**	**15**	**16**	**17**	**18**	**19**	**20**	**21**	**22**

Schlaglänge mit dem längsten Fairwayholz (m) / Herren														
240	**225**	**210**	**195**	**180**	**170**	**160**	**150**	**140**	**130**	**125**	**120**	**115**	**110**	**105**
Handicap														
+5– +3	**+2– 0**	**1– 3**	**4– 6**	**7– 9**	**10– 12**	**13– 16**	**17– 20**	**21– 24**	**25– 28**	**29– 32**	**33– 36**	**37– 42**	**43– 48**	**49– 54**
Durchschnittliche Abweichung (m)														
7,0	**9,0**	**11,0**	**12,5**	**14,0**	**15,5**	**17,0**	**18,5**	**20,0**	**21,0**	**22,0**	**23,0**	**24 ,0**	**25,0**	**26,0**

DER DRIVER

Der Drive ist einer der wichtigsten Schläge im Golf, und zwar sowohl aus psychologischer Sicht als auch, um einen guten Score erzielen zu können. Beim Drive sind Länge und Präzision wichtig. Wenn Sie noch am Beginn Ihrer Golfkarriere stehen, wissen Sie, wie schwer ein gutes Ergebnis zu erzielen ist, wenn der Abschlag gerade mal 120 Meter überwindet, die meisten Par-4-Spielbahnen aber 360 Meter lang sind. Sie haben kaum die Chance, ein Par zu spielen, da Sie erst mit dem dritten oder sogar vierten Schlag auf dem Grün ankommen. Deshalb ist es wichtig, eine gute Grundlänge mit dem Abschlag zu erreichen. Wenn Sie nach einiger Spielzeit eine gute Grundlänge haben, ist es wichtig, den Ball auch wiederzufinden, sprich: die Streuung möglichst gering zu halten. Extrem wird es für die Professionals, wenn die Spielbahnen sehr lang, die Fairways aber nur noch 20 Meter breit sind – wie zum Beispiel bei den US Open. Dann muss man mit dem Driver beides beherrschen – Länge und Präzision.

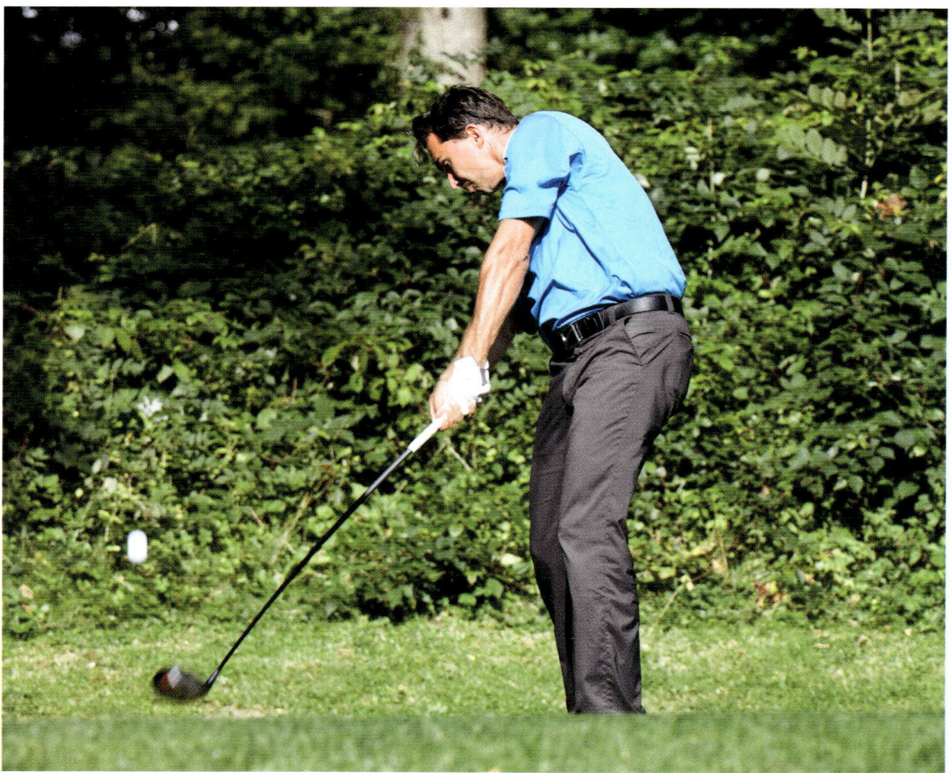

DER DRIVER-TEST

Beim Drive interessiert uns die Gesamtlänge des Schlags. Gehen Sie auf eine Teebox und schlagen Sie fünf Bälle ab. Ideal ist ein Fairway ohne Bunker, das möglichst eben ist. Ebenfalls sollte die Spielbahn wie beim Fairwayholz nicht zu nass und nicht zu trocken sein. Nehmen Sie die Fairwaymitte als Ziel, oder definieren Sie vorher schon ein Ziel, indem Sie eine Markierung an die Stelle legen, an der Ihre Ziellinie ist. Um die Seitenabweichung zu definieren, müssen Sie sich eine Linie zwischen Ihrem Ziel und dem Abschlag vorstellen. Schreiten Sie immer im rechten Winkel zu dieser gedachten Linie zu Ihren Bällen und notieren Sie sich Ihre durchschnittliche Seitenabweichung. Wie bei den anderen langen Schlägen können Sie bestenfalls das Handicap erreichen, das Sie im Durchschnitt an Distanz schlagen.

Schlaglänge mit dem Driver (m) / Damen														
215	**200**	**185**	**175**	**165**	**155**	**145**	**135**	**125**	**120**	**115**	**110**	**105**	**100**	**95**
Handicap														
+5–+3	**+2–0**	**1–3**	**4–6**	**7–9**	**10–12**	**13–16**	**17–20**	**21–24**	**25–28**	**29–32**	**33–36**	**37–42**	**43–48**	**49–54**
Durchschnittliche Abweichung (m)														
7	**9**	**11**	**12,5**	**14**	**15,5**	**17**	**18,5**	**20**	**21**	**22**	**23**	**24**	**25**	**26**

Schlaglänge mit dem Driver (m) / Herren														
255	**240**	**225**	**210**	**195**	**180**	**170**	**160**	**150**	**140**	**135**	**130**	**125**	**120**	**115**
Handicap														
+5–+3	**+2–0**	**1–3**	**4–6**	**7–9**	**10–12**	**13–16**	**17–20**	**21–24**	**25–28**	**29–32**	**33–36**	**37–42**	**43–48**	**49–54**
Durchschnittliche Abweichung (m)														
8	**10**	**12**	**14**	**16**	**18**	**19,5**	**21**	**22,5**	**24**	**25,5**	**27**	**28**	**29**	**30**

Stationen	Messung	Schlag 1	Schlag 2	
Putt				
1 m	gelocht			
1,5 m	gelocht			
2 m	gelocht			
15 m	Entfernung Ball-Loch			
Chip				
8 m	Entfernung Ball-Loch			
25 m	Entfernung Ball-Loch			
Pitch				
20 m	Entfernung Ball-Loch			
40 m	Entfernung Ball-Loch			
Lob				
15 m / 3 m Grün	Entfernung Ball-Loch			
Bunker				
10 m	Entfernung Ball-Loch			
25 m	Entfernung Ball-Loch			
Eisen 9				
Distanz: ________	Entfernung Pitchmarke-Loch			
Eisen 5 / Hybrid				
Distanz: ________	Entfernung Pitchmarke-Loch			
Fairwayholz				
	Ball zur Ziellinie	Länge: ________ Seite: ________	Länge: ________ Seite: ________	
Driver				
	Ball zur Ziellinie	Länge: ________ Seite: ________	Länge: ________ Seite: ________	

	Schlag 3	Schlag 4	Schlag 5	Durchschnitt	Handicap
	Länge: ________ Seite: ________ Länge: ________ Seite: ________	Länge: ________ Seite: ________ Länge: ________ Seite: ________	Länge: ________ Seite: ________ Länge: ________ Seite: ________		

GEIST

GEIST

Es ist wenig sinnvoll, den mentalen Bereich mit Aufgabenstellungen wie im Golftechnik-Kapitel zu testen. Wer die Mentaltests aus Zeitschriften kennt, weiß, dass die Fragen und Antworten mit etwas Raffinesse schnell durchschaut werden können und man die Testergebnisse dann meistens in die gewünschte Richtung lenkt; dahin wo man sich gerne sehen würde. Mehr als ein amüsanter Zeitvertreib sind solche Tests kaum. Zwar gibt es in der Praxis durchaus gute Mental-Tests für Sportler, diese sind aber sehr umfangreich in der Durchführung und müssen von speziellen Fachleuten ausgewertet werden.

Für den Quadranten „Geist" gibt es deshalb keine Tests, sondern es werden auf den folgenden Seiten die Teilaspekte ausführlich beschrieben und Hinweise auf die Wertigkeiten für Ihr Golfspiel gegeben. Sie müssen dann selbst beurteilen, in welchem Umfang Sie die beschriebenen Aspekte erfüllen, und sich das entsprechende Handicap aus der Tabelle zuordnen. Es ist überflüssig, darauf hinzuweisen, dass Sie nur bei einer ehrlichen Selbsteinschätzung die Chance haben, in diesem Bereich besser zu werden.

Das jeweilige Handicap ergibt sich aus den Prozentangaben, zu denen Sie den beschriebenen Aspekt erfüllen.

100 %: Wenn Sie überzeugt sind, alles so gut zu machen wie ich es beschrieben habe, dann erhalten Sie ein Handicap von +5 bis 9.

75 %: Wenn Sie vieles so machen und nur in kleinen Dingen abweichen, erhalten Sie ein Handicap von 10 bis 19.

50 %: Wenn Sie sich entscheiden, dass Sie die beschriebenen Punkte etwa zur Hälfte erfüllen, dann erhalten Sie ein Handicap von 20 bis 36.

25 %: Wenn Sie nur einen kleinen Teil erfüllen, finden Sie sich im Bereich Handicap 37 bis 45 wieder.

0 %: Sollten Sie fast nichts erfüllen und vieles von dem, was ich schreibe, neu für Sie sein, dann haben Sie noch viel Potenzial im Bereich der geistigen Golffähigkeit und finden sich im Bereich von Handicap 46 bis 54 wieder.

Ihr Handicap für jeden Teilaspekt setzt sich meist aus drei bis vier Unterhandicaps zusammen, von denen Sie den Durchschnittswert in Ihren Golf-Kompass eintragen. Ihr Handicap für den gesamten Bereich Geist wird aus etwa 30 Teilaspekten gebildet.

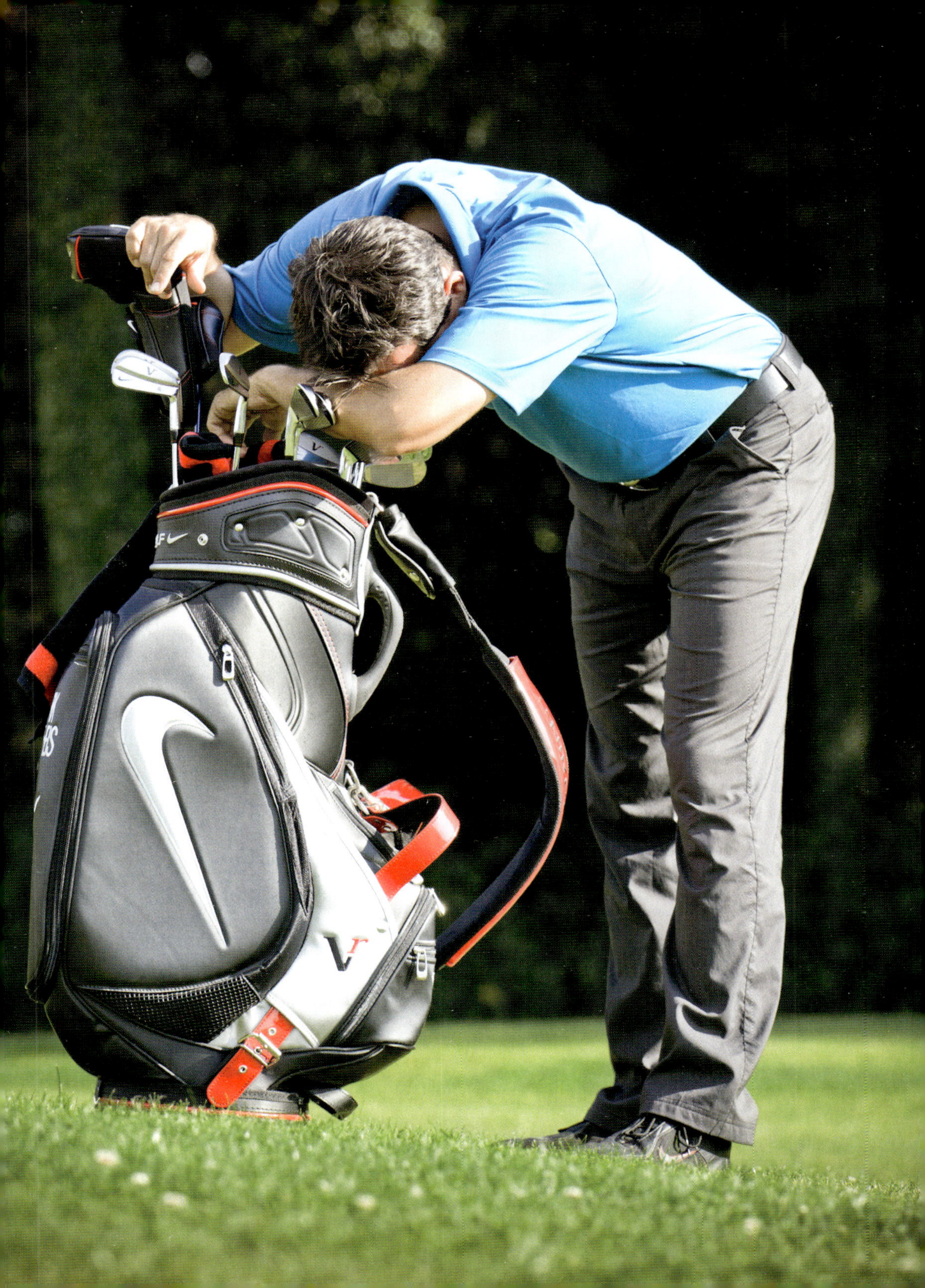
Vr

STRATEGIE

Das Wort Strategie kommt aus dem griechischen strategós und steht für Feldherr oder Kommandant. Der Feldherr, bei uns der Golfer, muss vor dem Schlag die eigenen Stärken und Schwächen kennen (Schlaglänge, Schlagpräzision, Schlagarten) und den Gegner, bei uns in der Regel der Platz, auf dessen Stärken und Schwächen analysieren. Neben der Strategie gibt es noch die Taktik. Das Wort Taktik kommt aus dem griechischen taktike und steht für Aufstellung eines Heers. Im Golfsport werden die Begriffe Taktik und Strategie für ähnliche Situationen verwendet. Ich selbst spreche lieber von Strategie, weil der Golfer der Feldherr sein und stets die Übersicht bewahren sollte.

Die Hauptpunkte für einen guten Strategen sind:

- Wissen über die eigenen Schlaglängen
- Wissen über die Stärken und Schwächen
- Fähigkeit, den Platzes zu analysieren
- Fähigkeit, Risiko und Chance bei der jeweiligen Schlagaufgabe richtig gegeneinander abzuwägen

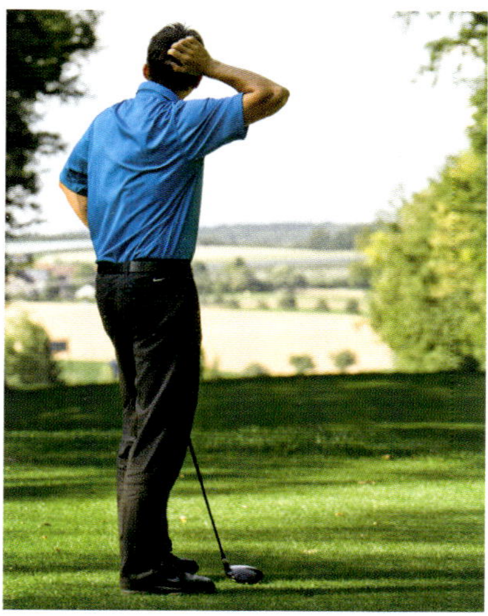

WISSEN ÜBER DIE EIGENEN SCHLAGLÄNGEN

Wer seine Fluglängen und durchschnittlichen Richtungsabweichungen kennt, kann einen guten Plan für eine Spielbahn und den jeweiligen Schlag entwickeln. Wenn Sie nicht wissen, wie weit Sie den Ball im Flug mit jedem Schläger schlagen und wie weit der Ball dann noch unter normalen Bedingungen rollt, können Sie kein guter Stratege sein. Ein Spieler ab Handicap 18 und besser sollte seine Längen im Bereich von plus/minus sieben Meter kennen, wobei die Längen bei gut getroffenen Schlägen gemeint sind.

Schreiben Sie Ihre Flug- und Rolllängen für alle Schläger auf:
LW SW GW PW E 9 E 8 E 7 E 6 E 5 E4 E 3
Hybrid Fairwayholz Fairwayholz Driver

Gehen Sie jetzt auf den Golfplatz und finden Sie die wirklichen Längen heraus. Idealerweise machen Sie das auf dem Platz mit drei bis fünf Bällen. Schlagen Sie Ihre Bälle mit den Eisen von der geplanten Distanz zum Grün. Beispiel: Sie schätzen, dass Ihr Eisen 7 im Flug 120 Meter zurücklegt. Gehen Sie auf dem Golfplatz in eine Position, die 110 Meter vom Grünanfang entfernt ist und schlagen Sie drei bis fünf Bälle. Wenn Sie mehrere Bälle gut getroffen haben, berücksichtigen Sie den längsten und den kürzesten Schlag nicht; ideal ist meist der zweitlängste. Vergleichen Sie Ihre tatsächlichen Längen mit den zuvor geschätzten Werten. Der Test geht schneller und ist präzisier, wenn Sie ihn zu zweit durchführen. Ihr Testpartner steht dann neben dem Grün und kann die Distanzen sofort nach jedem Schlag genau aufschreiben.

Das Verfahren kommt Ihnen bekannt vor? Es entspricht den Tests im Golftechnikbereich. Wer die Tests öfters durchspielt, wird automatisch ein besserer Stratege.

Durchschnittliche Fehleinschätzung der Schläge				
unter 4 m	**4 m – 6 m**	**6 m – 8 m**	**8 m – 10 m**	**mehr als 10 m**
Handicap				
+5 bis 9	**10 – 19**	**20 – 36**	**37 – 45**	**36 – 54**

STÄRKEN UND SCHWÄCHEN IDENTIFIZIEREN

Zu einem guten Strategen gehört auch das Wissen um die eigenen Stärken und Schwächen. Nur wer beides kennt, kann den wichtigsten Grundsatz eines Golfstrategen beherzigen: „Spiele dorthin, wo Du stark weiterspielen kannst". Wenn Sie zum Beispiel ein Spieler sind, der seine Eisen gut beherrscht, aber schlechte halbe Pitches spielt und sie kommen an ein kurzes Par 4, dann sollten Sie schon am Abschlag planen, mit welchem Schlag Sie später aufs Grün spielen wollen. Viele Spieler schlagen in diesem Fall trotzdem mit dem Driver ab, obwohl Sie danach einen halben Pitch haben. Diese Spieler kennen beziehungsweise berücksichtigen ihre Stärken und Schwächen nicht.

Sie sollten klar definieren können, mit welchen Schlägern/Schlagarten Sie gut und mit welchen Sie eher schlecht sind. Wenn Sie Ihre Fähigkeiten besonders gut einschätzen können, dann sollten Sie diese Definition noch weiter verfeinern und wissen, mit welchen Schlägern Sie welche Flugkurven bevorzugt spielen und was Ihre häufigsten Fehlschläge sind; dass Sie zum Beispiel mit dem Driver eher slicen, aber mit den Eisen mitunter einen Pull spielen.

Wie gut kennen Sie Ihre golferischen Stärken und Schwächen?				
100 %	**circa 75 %**	**circa 50 %**	**circa 25 %**	**gar nicht**
Handicap				
+5 – 9	**10 – 19**	**20 – 36**	**37 – 45**	**46 – 54**

DEN PLATZ ANALYSIEREN

Wenn Sie einen noch unbekannten Platz spielen, dann sollten Sie sich schon vor dem ersten Abschlag intensiv mit dem Birdie- oder Yardage-Book auseinandersetzen. Schauen Sie sich jedes Loch genau an und machen Sie sich erste Notizen, was Ihnen auffällt. Die Längen der Bahnen, die Fairwaybreiten sowie die Lage der Hindernisse bestimmen Ihre Strategie von den Abschlägen. Die Tiefe der Grüns, wie sie verteidigt sind und wo es Ausgrenzen gibt geben Ihnen vor, auf welcher Seite Sie das Grün aggressiv und auf welcher Seite Sie es defensiv anspielen sollten. Nach einer Proberunde überarbeiten Sie Ihr Yardage-Book im Idealfall noch einmal. Tragen Sie die aktuelle Windrichtung und -stärke ein, welchen Schläger Sie an jedem Loch genommen haben, wo schwere Bunker liegen, auf welcher Seite Sie das Grün verfehlen dürfen und wo nicht und so weiter.

Wie gut analysieren Sie Golfplätze?				
100 %	**circa 75 %**	**circa 50 %**	**circa 25 %**	**gar nicht**
Handicap				
+5 – 9	**10 – 19**	**20 – 36**	**37 – 45**	**46 – 54**

RISIKO UND CHANCEN KALKULIEREN

Wenn ich zu einem Spieler sage, er soll strategisch oder taktisch klug spielen, dann denken die meisten, sie sollen defensiv spielen. Das meine ich nicht, sonst würde ich es so sagen. Eine strategisch richtige Entscheidung berücksichtigt die Fähigkeiten des Spielers, die Lage des Balls und auch die Turniersituation. Wenn Sie einen bestimmten

Schlag im Training in vier von fünf Fällen gut ausführen, dann ist es die richtige Entscheidung, diesen Schlag im Turnier zu machen. Selbst wenn es die Aufgabe ist, ein Fairwayholz aus 230 Meter auf einem von Wasser umgebenen Grün zu platzieren, sollte ein guter Spieler, der diesen Schlag im Training sicher beherrscht und ihn sich in diesem Moment zutraut, den Schlag machen. Misslingt er, dann war es aus meiner Sicht trotzdem die richtige Entscheidung.

In einem Turnier können noch weitere Faktoren die Entscheidung beeinflussen; ich möchte das in einem Beispiel verdeutlichen. 2009 spielte ich mit meinem Team um den Europapokal im Golfclub Bergisch-Land in Deutschland. In der zweiten Zählspielrunde lagen wir knapp vor Frankreich und Spanien. Sophia Popov, meine damals beste Spielerin, lag an der 18, einem Par 5, nach dem Abschlag noch circa 190 Meter vom Grün entfernt – für sie eine gut erreichbare Entfernung. Vor dem Grün ist ein Wassergraben und der Ball war in einer Bergablage. Ein Zuschauer wollte wissen, ob sie angreifen oder vorlegen würde. Ich sagte: „Bei dieser Lage wird und muss sie vorlegen, wir sind knapp in Führung und das andere Team muss angreifen, außerdem ist Sophia eine tolle Pitcherin und kann das Birdie aus 50 bis 60 Meter immer noch spielen." Tatsächlich legte Sophia vor und machte das Birdie mit einem Pitch-Putt. Am nächsten Tag, in der Finalrunde, war unser Team mit fünf Schlägen in Führung und Sophia lag auf der 18. Spielbahn wieder 190 Meter vom Grün entfernt. Zufällig stand der Zuschauer vom Vortag wieder neben mir und fragte, was sie wohl heute tun würde. Meine Antwort lautete diesmal: „Da heute der Ball nicht bergab liegt, Sophia bisher nur gute Schläge mit ihrem Holz 3 gemacht hat und wir deutlich in Führung liegen, würde ich ihr empfehlen, anzugreifen". Sophia griff tatsächlich an und machte ein Zwei-Putt-Birdie. Beide Spielsituationen waren fast identisch, und doch führten die unterschiedliche Balllage und der Spielstand bei Sophia zu anderen Entscheidungen.

Wie gut können Sie Risiko und Chancen kalkulieren?				
100 %	**circa 75 %**	**circa 50 %**	**circa 25 %**	**gar nicht**
Handicap				
+5 – 9	**10 – 19**	**20 – 36**	**37 – 45**	**46 – 54**

Bilden Sie für Ihren Golf-Kompass einen Mittelwert aus den vier Zwischenhandicaps

- Schlaglängen wissen
- Stärken und Schwächen identifizieren
- Den Platz analysieren
- Risiko und Chancen kalkulieren

WIDERSTANDSFÄHIGKEIT

Gute Athleten zeichnet eine hohe Widerstandsfähigkeit aus. Ein guter Spieler sollte gegen Rückschläge – seien es einzelne Fehlschläge, schlechte Runden oder eine ganze verkorkste Saison – resistent sein und nicht den Mut verlieren. Wer flucht, verärgert reagiert oder aufgibt, steht sich in seiner Entwicklung selbst im Weg. Jeder Leistungsgolfer hat schon schlechte Turniere gespielt; der gute Golfer zeichnet sich aber dadurch aus, dass er von seinen Fehlern lernt. Die Leistungsentwicklung verläuft nicht linear, sondern wellenförmig. Wer das nicht akzeptiert, wird schwere Zeiten erleben oder aufgeben, bevor er seinen Golfhorizont erreicht hat.

Die Hauptmerkmale für einen widerstandsfähigen Golfer sind:
- Schlechte Schläge als Chance zum Lernen nehmen
- Das hochwertige Nachbearbeiten schlechter Runden
- Körpersprache und innerer Monolog

SCHLECHTE SCHLÄGE ALS CHANCE ZUM LERNEN NEHMEN

Wenn Sie auf der Runde oder im Training einen schlechten Schlag machen, ist es Ihre Entscheidung, wie Sie darauf reagieren. Sie können fluchen, meckern oder mit sich selbst hadern und hoffen, dass der nächste Schlag besser gelingt. Von einem leistungsorientierten Sportler erwarte ich, dass er nicht einfach den nächsten Ball schlägt, sondern angepasst reagiert. Eine sinnvolle Reaktion wäre eine Analyse des Fehlschlags. Direkt nach dem Schlag haben Sie noch das Gefühl des Schwungs im Körper und können spüren, was falsch gelaufen ist. Ideal wäre ein Probeschwung nach dem schlechten Schlag mit dem verbesserten Gefühl. Wenn Sie nichts Falsches gefühlt haben, dann wissen Sie vielleicht, welche Ursachen bei Ihnen in der Regel zu Fehlschlägen führen und können die vermutete Korrektur in einen Probeschwung umsetzen, um dem Körper das richtige Gefühl zu geben.

Ein Spieler macht zum Beispiel einen Fünf-Meter-Putt, der Ball rollt drei Meter über das Loch hinaus. Im Treffmoment war dem Spieler schon klar, dass der Putt viel zu lang wird, weil er zu schnell beschleunigt hat. Jetzt macht der Spieler ideal noch einen Probeschwung mit der verbesserten Dosierung, um das richtige Gefühl abzuspeichern.

Dadurch lernt das Gehirn, die angepasste Dosierung beim nächsten Putt genauer anzusteuern. Wäre der Spieler nach dem Putt einfach weggegangen, hätte er die Chance, aus dem Fehler etwas zu lernen, vertan.

Wie gut verarbeiten Sie schlechte Schläge?				
100 %	**circa 75 %**	**circa 50 %**	**circa 25 %**	**gar nicht**
Handicap				
+5 – 9	**10 – 19**	**20 – 36**	**37 – 45**	**46 – 54**

DAS HOCHWERTIGE NACHBEARBEITEN SCHLECHTER RUNDEN

Wenn Sie eine schlechte Runde gespielt und Ihre Scorekarte abgegeben haben, stehen Ihnen wie immer mehrere Möglichkeiten zur Verfügung, wie Sie damit umgehen. Sie können jedem, den Sie kennen, erzählen wie schlecht Ihre Runde war; Sie können sich in eine Ecke setzen und schmollen oder sofort nach Hause fahren und sich verkriechen.

Eine mögliche Alternative wäre auch, sich in eine ruhige Ecke zu setzten und eine Rundenanalyse zu machen, um herauszufinden, an was es lag. Beginnen Sie bei Ihrer Analyse mit der Vorbereitung zur Runde. Haben Sie gestern Abend gut gegessen und genügend geschlafen? Hatten Sie ausreichend Zeit, sich einzuschlagen, und haben Sie Ihre Strategie für die Runde schon vor dem ersten Abschlag festgelegt? Warum ist Ihr Ergebnis schlecht? Haben Sie nur an einigen wenigen Löchern schlecht gespielt und warum? Haben Sie auf der gesamten Runde mit einer Schlagart Schläge verloren (zum Beispiel dem Driven)? Nach dieser Analyse wäre dann der ideale Weg in den Übungsbereich, um noch einmal an dem schlechten Bereich zu arbeiten. Das Ergebnis Ihrer Rundenanalyse tragen Sie am besten in Ihr Trainingsbuch ein.

Wie intensiv ist die Nachbearbeitung Ihrer Golfrunden?				
100 %	**circa 75 %**	**circa 50 %**	**circa 25 %**	**gar nicht**
Handicap				
+5 – 9	**10 – 19**	**20 – 36**	**37 – 45**	**46 – 54**

KÖRPERSPRACHE UND INNERER MONOLOG

Zum Golfspiel gehört auch, dass Sie immer wieder Turniertage erleben werden, an denen nichts „läuft". Kam der Ball gestern noch genau hinter dem Bunker auf dem Grün auf, landet er heute im Bunker. Ließ ein glücklicher Bounce den Ball gestern knapp vor die Fahne rollen, bleibt er heute im Vorgrün liegen. Liefen gestern die Putts wie von der Schnur gezogen mitten ins Loch, gehen Sie heute alle knapp am Loch vorbei oder lippen aus. Sie können diese Tage nicht verhindern, aber Sie können lernen, damit umzugehen. Mit den Schlägern werfen, sich als vom Pech Verfolgter zu bemitleiden oder sich gar innerlich zu beschimpfen, hilft Ihnen kaum. Akzeptieren Sie diese Tage als Bestandteil des Golfspiels und betrachten Sie es als Ihre Aufgabe, trotzdem ein einigermaßen gutes Ergebnis ins Clubhaus zu bringen.

Fangen Sie bei Ihrer Körpersprache an; Denken und Körper beeinflussen sich gegenseitig. Bei vielen Spielern kann man schon aus weiter Entfernung an der Körpersprache erkennen, ob Sie gut oder schlecht spielen. Wenn der Kopf nach unten hängt, die Schultern herabhängen und der Gang wenig kraftvoll ist, wenn der Spieler lustlos hinter seinen Spielpartnern hertrottet, dann ist klar, er spielt heute schlecht. Bei guten Spielern erkennt man das nicht so leicht. Sie haben ihre Turnierkörpersprache und kennen den Zusammenhang zwischen Körpersprache und persönlichem Empfinden. Durch einen

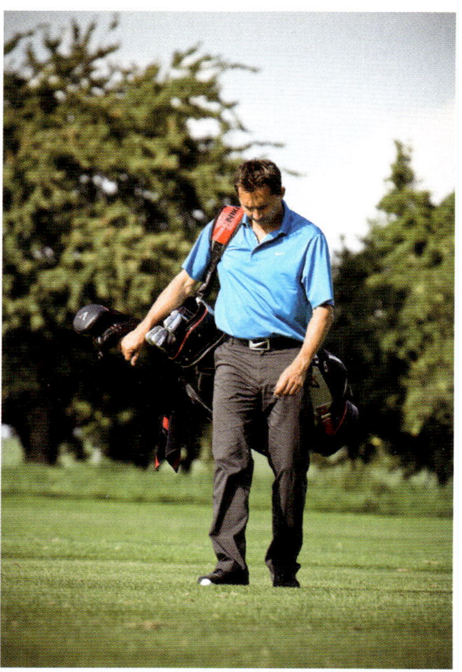

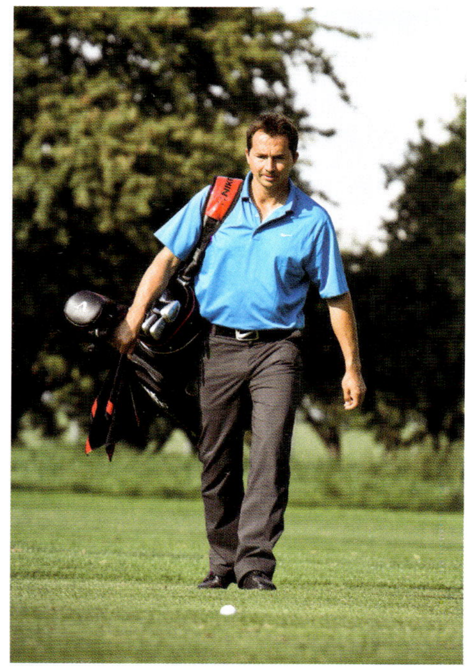

aufrechten, energievollen Gang, bewusstes Atmen und durch eine freundliche Mimik versuchen sie sich in eine positive Stimmung zu bringen. Selbst wenn die optimale Leistung an einem solchen Tag nicht abrufbar ist, behält der Spieler auf diese Weise die Kontrolle über sein Spiel und kann das Ergebnis vielleicht sogar noch wenden.

Hören Sie an schlechten Tagen auch auf Ihren inneren Monolog. Sind Sie ständig unzufrieden mit Ihrer Leistung und beschimpfen Sie sich selbst, dann ist das nicht hilfreich. Sprechen Sie mit sich, als ob Sie der Caddy eines guten Freundes wären. Loben Sie sich, wenn ein Schlag gut war und richten Sie Ihren Fokus auf den nächsten Schlag, wenn etwas nicht so gut gelungen ist. Gehen Sie in Ihrem inneren Monolog freundlich und positiv mit sich um.

Besonders wichtig sind die Körpersprache und der innere Monolog im Lochwettspiel, wenn es darum geht, Ihren Gegner zu beeinflussen. Durch einen schwachen Selbstausdruck zeigen Sie ihm, dass Sie zu schlagen sind. Wenn Sie trotz schlechtem Spiel eine konzentrierte und spannungsgeladene Körpersprache zum Ausdruck bringen, weiß der Gegner, dass Sie Ihr gutes Spiel jederzeit wiederfinden können. Lassen Sie sich dagegen hängen, dann bauen Sie den Gegner auf und Ihre Leistungsfähigkeit ab.
Bilden Sie den Mittelwert aus den Zwischenhandicaps

Wie gut beherrschen Sie die Körpersprache und den inneren Monolog?				
100 %	**circa 75 %**	**circa 50 %**	**circa 25 %**	**gar nicht**
Handicap				
+5 – 9	**10 – 19**	**20 – 36**	**37 – 45**	**46 – 54**

- Schlechte Schläge als Chance zum Lernen nehmen
- Das hochwertige Nachbearbeiten schlechter Runden
- Körpersprache und innerer Monolog

und erhalten so Ihr Handicap „Widerstandsfähigkeit“, das Sie in Ihren persönlichen Golf-Kompass eintragen.

AUFMERKSAMKEIT

Unter Aufmerksamkeit verstehen wir den Punkt, auf den alles gerichtet ist. In unserem Leben sind wir Meister darin geworden, eine Sache zu machen und an eine andere zu denken. Das funktioniert beim Golf nicht. Für ein gutes Golfspiel ist es wichtig, dass der Spieler seine Aufmerksamkeit in all seinen Handlungen hat, dass er sich selbst, die Platzverhältnisse, die spezielle Spielsituation und das Schlagergebnis bewusst wahrnimmt. Jeden einzelnen Schlag mit hoher Aufmerksamkeit auszuführen, wird durch die Routine erlernt. Die Aufmerksamkeit im Training ist bei guter Trainingsqualität gegeben. Die Aufmerksamkeit im Leben ist erst dann gegeben, wenn wir uns immer bewusst sind, was wir gerade tun.

Speziell im Turnier ist es wichtig, die Aufmerksamkeit über mehrere Stunden aufrecht zu erhalten. Zwischen den Schlägen kann sich der Spieler entspannen, doch sobald er in die Nähe seines Balls kommt, muss er die Aufmerksamkeit wieder hochfahren und sich voll auf den nächsten Schlag konzentrieren. Beim Spiel darf einem kein Detail entgehen, weil das schnell einen Schlagverlust bedeuten kann.

Ihr Handicap für Aufmerksamkeit wird gebildet aus den beiden Unterhandicaps
- Nutzen Sie ihre Zeit gut aus?
- Wahrnehmung von Details

NUTZEN SIE IHRE ZEIT GUT AUS?

Um jedes Detail wahrzunehmen, braucht man Zeit. Im Turnier stehen dem Spieler pro Schlag circa 45 Sekunden von der Planung bis zum Treffmoment zur Verfügung. Bei einfachen Balllagen ist das viel Zeit; hat man aber eine schwierige Balllage oder eine schwere Fahnenposition oder ist sich unschlüssig über die Windrichtung, dann braucht man mehr Zeit, um genügend Probeschwünge ausführen oder Informationen sammeln zu können.

Wenn ein Leistungsspieler im Turnier ist, nutzt er jede freie Minute, um wertvolle Informationen zu gewinnen. Während seine Mitspieler am Schlag sind, versucht er so viel wie möglich wahrzunehmen. Speziell auf dem Grün kann man das gut beobachten. Obwohl er noch nicht am Schlag ist, liest der Leistungsgolfer seine Puttlinie schon von allen Seiten, während seine Mitspieler noch mit ihren Putts beschäftigt sind. Der unerfahrene Spieler fängt oft erst mit seiner Schlagplanung an, wenn er selbst an der Reihe ist. Dadurch wird einerseits das Spiel langsam und andererseits gerät er unter Druck, wenn ihm sein Unterbewusstsein signalisiert, dass bei der Schlagvorbereitung etwas nicht stimmt.

Wenn Sie für sich festgestellt haben, dass Sie für Ihre Schlagvorbereitung mehr Zeit haben möchten, dann sollten Sie in Ihrer Spielgruppe der schnellste Läufer sein. Der Leistungsspieler, der sich kennt, unterhält sich dann nur am Abschlag mit seinen Mitspielern; sobald alle Bälle abgeschlagen sind, geht er als erster los. Dadurch gewinnt er Zeit für seine Planung und bekommt bei großen Turnieren nie Ärger mit dem Schiedsrichter wegen langsamen Spiels. Zeit für die notwendige Entspannung auf einer 18-Löcher-Runde findet der gute Golfer beim Weg zum nächsten Abschlag. Gelegenheit zum Entspannen gibt es auch, wenn Ihr Flight warten muss, weil die Spielgruppe vor Ihnen langsam ist. Entscheidend ist dann, sofort umzuschalten, wenn die Aufmerksamkeit wieder gefragt ist.

Nutzen Sie Ihre Zeit im Turnier gut aus?				
100 %	**circa 75 %**	**circa 50 %**	**circa 25 %**	**gar nicht**
Handicap				
+5 – 9	**10 – 19**	**20 – 36**	**37 – 45**	**46 – 54**

WAHRNEHMUNG VON DETAILS

Wenn Sie trainieren, sollten Sie ganz genau beobachten, wie Ihr Ball fliegt, wo und wie er aufkommt und wie weit er noch rollt. Das gilt besonders für die Schläge aufs Grün; Sie erhalten dadurch wichtige Informationen sowohl für Ihr Techniktraining wie auch für Ihr Spiel auf dem Platz. Ich beobachte immer wieder junge Leistungsspieler, die mit glänzenden Augen ihrem Ball hinterher schauen, bis er liegenbleibt. Unbewusst saugen sie alle Informationen auf, die ihnen Flug-, Sprung- und Rollverhalten des Balls geben, ohne dass ihnen bewusst wäre, welche hervorragende Eigenschaft sie besitzen. Selbst ganz junge Nachwuchsspieler, die noch am Beginn ihrer Golferlaufbahn stehen, verfügen schon über diese wertvolle Gabe. Das Gegenteil sind Spieler, die nach dem Treffen nur noch kurz zur Kenntnis nehmen, dass der Ball gut fliegt, und sich dann sofort nach

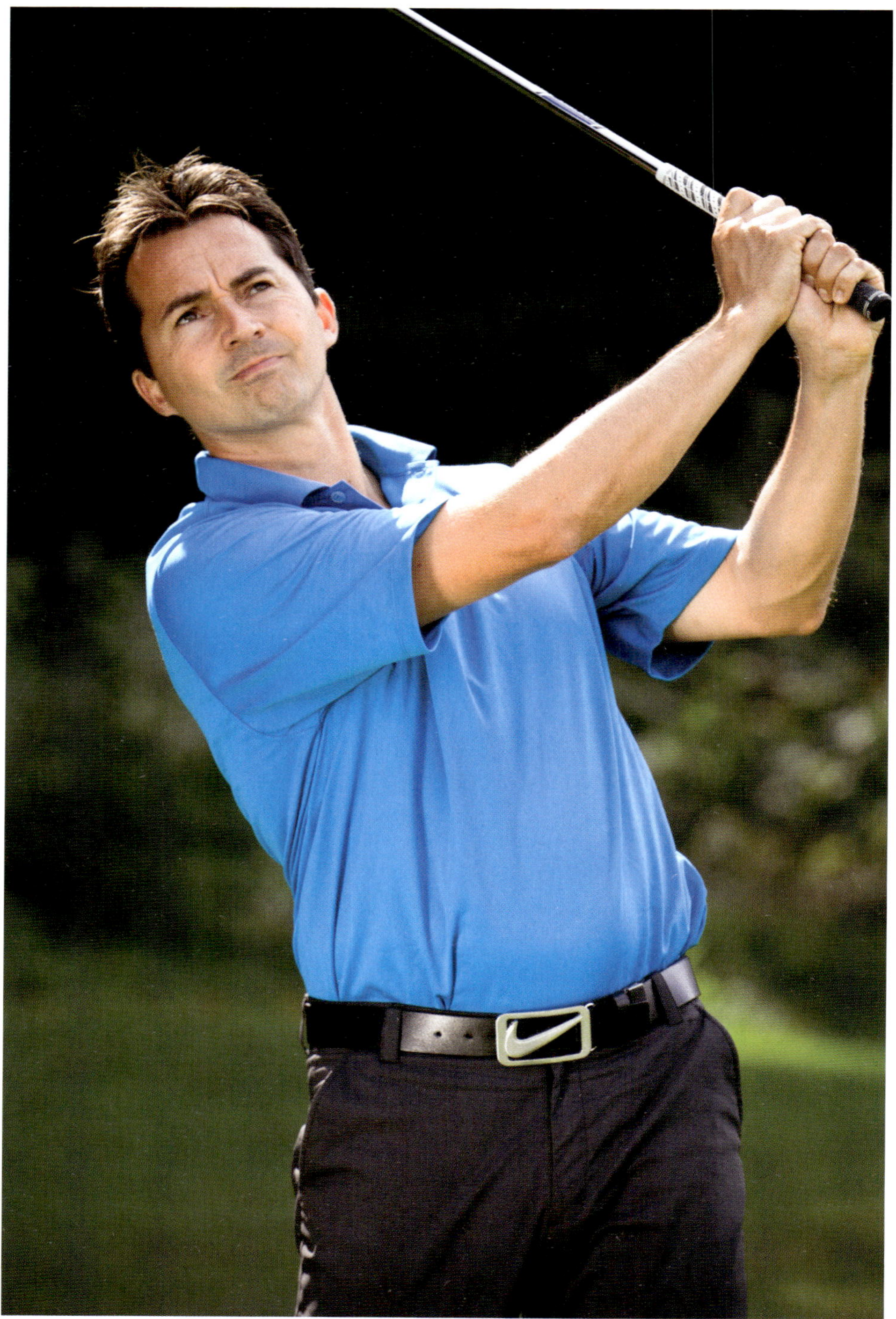

dem nächsten Ball umsehen. Diese Spieler mögen zwar auch talentiert sein, aber sie lernen deutlich weniger als die neugierigen.

Zur Wahrnehmung von Details gehört auch, die feinen Unterschiede bei Balllagen zu erkennen. Es gibt Spieler, die einen Ball aus einer mittelmäßigen Lage schlagen und sich wundern, dass er nicht so hoch fliegt und der Ballkontakt schlechter war als beim vorherigen Schlag aus perfekter Lage. Sie suchen dann oft in ihrem Schwung nach der Ursache, statt die Schlägerwahl, den Stand oder die Schlagplanung an die veränderte Balllage anzupassen. Im Spiel führt das dann dazu, dass ihre Bälle nicht so präzise im Ziel landen wie die Bälle der Mitspieler, die diese feinen Unterschiede registrieren.

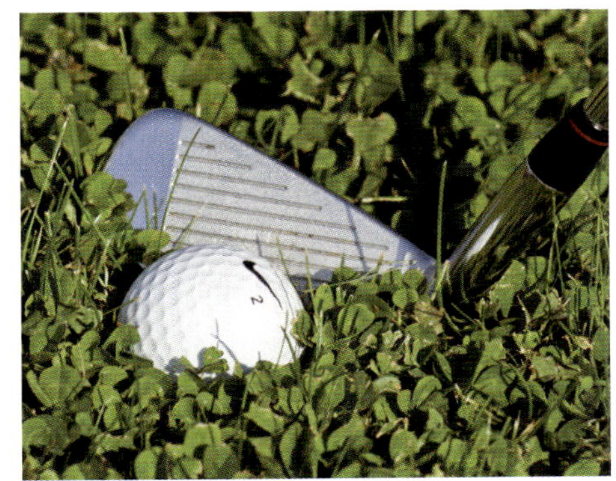

Details, die Sie vor einem Schlag wahrnehmen sollten sind: Balllage, Teehöhe, Graswuchsrichtung, Dichte und Länge der Grashalme, Feuchtigkeit des Grases, Höhenunterschiede, Windrichtung, Windstärke, Luftdruck, Luftfeuchtigkeit, Nässe der Landezone, Grashöhe und Dicke in der Landezone, Ondulierung der Landezone, Gefahren in der Landezone.

Wie genau nehmen Sie die Feinheiten des Spiels wahr?				
100 %	**circa 75 %**	**circa 50 %**	**circa 25 %**	**gar nicht**
Handicap				
+5 – 9	**10 – 19**	**20 – 36**	**37 – 45**	**46 – 54**

Bilden Sie den Mittelwert aus den beiden Unterhandicaps

- Nutzen Sie Ihre Zeit gut aus?
- Wahrnehmung von Details

für Ihr Handicap „Aufmerksamkeit".

SELBSTVERTRAUEN

Selbstvertrauen hat viel zu tun mit der richtigen Einschätzung der Schwere der Aufgabe und der Kenntnis der eigenen Fähigkeiten. Mangelndes Selbstvertrauen resultiert oft aus einer Überbewertung der Aufgabe, einem zu geringen Vertrauen in die eigenen Fähigkeiten oder einer falschen Einschätzung des eigenen Könnens.

Selbstvertrauen entsteht durch Selbsterkenntnis. Wenn Sie sich und Ihre Spielfähigkeiten kennen, können Sie an die Aufgaben, die Ihnen gestellt werden, überzeugt herangehen. Wenn Sie die Tests in diesem Buch regelmäßig durchführen, kennen Sie Ihre Leistungsfähigkeit; Sie wissen, welche Schläge Ihnen gut gelingen und welche Aufgaben Sie lieber defensiv angehen sollten. Aus dieser Kenntnis erwächst dann das notwendige Selbstvertrauen, das Sie brauchen, um den Schlag konsequent und entschlossen auszuführen. Sollte die Analyse ergeben, dass Sie der Aufgabe nicht gewachsen sind, weil zum Beispiel Ihre Schlagdistanz zu kurz ist, dann versuchen Sie nicht den Schlag zu forcieren, sondern wählen Sie einen Spielweg, der Ihren Fähigkeiten entspricht.

Fehlschläge durch schlecht getroffene Bälle sind häufig das Ergebnis einer falschen Einschätzung der eigenen Schlaglänge. Wenn der Golfer dann vor einem Wasserhindernis steht, von dem er weiß, dass er es bestenfalls mit einem optimal getroffenen Ball und viel Glück überqueren kann, ist es kein Wunder, dass sein Selbstvertrauen versagt. Er versucht, schneller oder kräftiger zu schwingen als sonst, wodurch die Wahrscheinlichkeit des Misslingens sehr hoch ist. Nicht das Wasserhindernis hat die Angst ausgelöst, sondern dem Golfer war unbewusst klar, dass die Aufgabe für ihn so schwer ist, dass er sie kaum bewältigen kann.

Ein Beispiel aus der Praxis: Eine Spielerin kam zu mir mit der Bitte, Schläge aus 130 Meter über ein Wasserhindernis zu üben. In dieser Situation hätte sie immer Angst und ihr Selbstvertrauen würde versagen. Sie wollte diese Schläge auf dem Platz üben, denn auf der Driving Range wäre diese Entfernung mit dem Hybrid kein Problem für sie, nur auf dem Platz ginge es nicht. Sie wäre deswegen sogar schon bei einem Psychologen gewesen, der ihr einige Ideen mitgab, wie sie diese Situation meistern könnte. Doch auf dem Platz wollte es einfach nicht funktionieren. Bevor ich mir das Problem auf dem Platz ansah, wollte ich noch einige Schläge auf der Driving Range mit dem Radargerät analysieren, um zu sehen, wie weit die Spielerin schlägt. Dieser Test dauert nur zehn Minuten und gibt mir als Trainer eine klare Auskunft über die Fluglängen und die Erfolgshäufigkeit. Die Spielerin schlug mit dem Hybrid, das sie für 130 Meter im Flug nutzt, zehn Bälle. Danach wollte ich noch jeweils fünf Schläge mit zwei längeren Schlägern sehen. Das Ergebnis war, dass sie mit ihrem längsten Fairwayholz zwei von fünf Bällen 130 Meter im Flug schlägt, alle anderen Schläge waren kürzer. Als ich ihr die Analyse zeigte, war ihr klar, dass es kein psychologisches Problem ist, wenn ihre Bälle im Wasserhindernis landen, sondern sie hat ihre Fähigkeiten falsch eingeschätzt. Sie ist nicht in der Lage, mit dem Hybrid 130 Meter im Flug zu schlagen. Als wir danach auf den Platz gingen, testeten wir den 130-Meter-Schlag mit dem Fairwayholz. Wenn Sie sich wohl fühlt und der Ball gut liegt, kann sie diesen Schlag mit ihrem Fairwayholz machen. In allen anderen Fällen sollte sie lieber eine andere Strategie wählen.

Ein Spieler kann sich nur vertrauen, wenn er sich kennt und auf seine innere Stimme hört. Damit ist nicht gemeint, dass auf Sicherheit zu spielen immer die richtige Lösung ist. Ein Spieler muss den Weg wählen, der ihm in der jeweiligen Situation als der Beste erscheint und von dem er überzeugt ist. Wenn seine Drives präzise sind, er sich auch bei einem engen Fairway damit wohl fühlt und der Drive ihn in eine vorteilhafte Situation bringt, dann ist das die richtige Schlägerwahl und er sollte voller Selbstvertrauen mit dem Driver abschlagen.

Schätzen Sie die Schwere der Aufgabe und Ihre Fähigkeiten richtig ein?				
100 %	**circa 75 %**	**circa 50 %**	**circa 25 %**	**gar nicht**
Handicap				
+5 – 9	**10 – 19**	**20 – 36**	**37 – 45**	**46 – 54**

STRESSMANAGEMENT

Das Wort Stress entspringt dem lateinischen Begriff stringere, was Anspannung bedeutet. Der Mediziner Hans Selyes hat diesen Begriff, der ursprünglich aus der Werkstoffkunde stammt, als erster genutzt, um die Reaktion von Lebewesen auf Belastung zu benennen. Ein gewisses Maß an Stress ist für den Menschen durchaus positiv, und jeder gesunde Mensch sollte damit umgehen können. Problematisch wird es allerdings, wenn Menschen unter andauernder Anspannung stehen und keine seelische und/oder körperliche Erholung mehr stattfinden kann. Wir neigen dazu, unsere Zeit mit zu vielen Aufgaben zu füllen und gönnen dem Körper zu selten eine aktive Stressreduktion. Meist hilft nur der Schlaf, den Stress auszugleichen, aber viele Menschen sorgen nicht einmal für ausreichenden Schlaf. Schlaf und Erholung werden in unserer leistungsorientierten Gesellschaft zu wenig wertgeschätzt. Nur wer seinen Akku wieder auflädt, kann auch maximale Leistung bringen.

Im Golfsport ist zu viel Stress leistungshemmend. Durch Stress ist die Aufmerksamkeit eingeschränkt und in der Schlagplanung entgehen uns Details. Ebenfalls sind wir durch zu viel Stress meist verspannt, was zu unrhythmischen Bewegungen und Fehlschlägen führt.

Es gibt verschiedene Wege, Stress aktiv zu regulieren:

- Stressmanagement im Leben
- Stressmanagement im Golfturnier
- Stressmanagement durch die Ernährung
- Stressmanagement durch Sport
- Stressmanagement durch mentales Training

STRESSMANAGEMENT IM LEBEN

In der Regel liegt es an uns selbst, unser Leben so zu organisieren, dass kein ungesunder Stress entsteht. Man muss lernen, auch einmal nein zu sagen. Wir sollten Termine nicht zu dicht hintereinander legen und uns nach einer intensiven Arbeitswoche die Zeit nehmen, zu entspannen und die Batterien wieder aufzuladen. Viele aktive Menschen neigen dazu, sich ihre Freizeit so vollzupacken, dass das Wort Freizeitstress sehr treffend ist. Wenn Sie frei haben, dann sollten Sie sich auch freie Zeit gönnen. Vereinbaren Sie für diese Zeit keine Termine und machen Sie auch nichts „Sinnvolles". Genießen Sie es, auch mal „faul" zu sein.

Sind Sie in der Lage, Ihre Arbeits- und Freizeit gut zu organisieren?				
100 %	**circa 75 %**	**circa 50 %**	**circa 25 %**	**gar nicht**
Handicap				
+5 – 9	**10 – 19**	**20 – 36**	**37 – 45**	**46 – 54**

STRESSMANAGEMENT IM GOLFTURNIER

Wenn Sie bei Golfturnieren häufig Stress empfinden, dann liegt es an Ihnen selbst. Beim Golfsport erzeugt der Spieler seinen Stress selbst. Im Gegensatz zu anderen Sportarten haben wir keinen Gegner, der auf uns zugerannt kommt oder uns druckvoll die Bälle um die Ohren haut. Beim Golfsport gibt es nur uns und den Platz. Selbst bei einem Lochwettspiel kann man mit dieser Einstellung stressfrei und locker spielen.

Um sich von Stress zu lösen, sollten Sie auf dem Platz Schlag für Schlag spielen und nicht an die vorherigen Schläge denken oder in Gedanken schon bei der Siegerehrung sein. Wenn Sie Turniere häufig als Stress empfinden, dann sollten Sie sich mit Ihren Erwartungen auseinandersetzen. Sind die Erwartungen höher als Ihre Leistungsfähigkeit, dann entsteht Stress. Haben Sie in einem Turnier immer wieder Situationen, die Sie stressen, dann sollten Sie entweder diese Schlagarten üben, die Strategie anpassen oder Ihre Schlagroutine verbessern.

Wie gut können Sie sich von selbst erzeugtem Stress im Turnier lösen?				
100 %	**circa 75 %**	**circa 50 %**	**circa 25 %**	**gar nicht**
Handicap				
+5 – 9	**10 – 19**	**20 – 36**	**37 – 45**	**46 – 54**

STRESSMANAGEMENT DURCH DIE ERNÄHRUNG

Wenn Sie in Ihrem Leben häufig unter Anspannung stehen, dann können Sie es Ihrem Körper noch zusätzlich schwer machen, indem Sie schwere Speisen zu sich nehmen, die viel Zeit zum Verdauen brauchen. Wenn Sie von Ihrem Körper dann direkt nach dem Essen auch noch Leistung fordern, brauchen Sie sich nicht zu wundern, wenn er irgendwann schlappmacht. Nach einem schweren Essen braucht Ihr Körper eine Pause. Besser ist es natürlich, etwas Leichtes zu essen, vor allem dann, wenn Sie direkt danach wieder Leistung bringen möchten. Im Kapitel „Körper + Athletik" können Sie auf den Seiten 108 bis 111 nachlesen, welche Ernährung dem Sportler genügend Energie zuführt, ohne ihn zu belasten.

Die moderne Methode ist, nach dem schweren Essen einen Espresso zu trinken und zu hoffen, dass der Körper damit sofort wieder leistungsbereit ist. Es sind aber meist nur mittelmäßige Leistungen, die erbracht werden, wenn man seinen Körper ignoriert.

Wie gut eignet sich Ihre Ernährung für eine Stressminderung?				
100 %	**circa 75 %**	**circa 50 %**	**circa 25 %**	**gar nicht**
Handicap				
+5 – 9	**10 – 19**	**20 – 36**	**37 – 45**	**46 – 54**

STRESSMANAGEMENT DURCH SPORT

Sport kann zu unserer Erholung beitragen oder bei falscher Zeiteinteilung noch mehr stressen. Wenn Sie Stress im Leben haben, kann gesunde Bewegung helfen, diesen Stress abzubauen. Golf eignet sich dafür sehr gut, da Sie bei einer Runde vier bis fünf Stunden unterwegs sind und nur gut spielen, wenn Sie mit den Gedanken beim Spiel sind.

Gut geeignet zum Stressabbau sind alle Ausdauersportarten, weil man während der Ausübung seine Gedanken sortieren kann und gleichzeitig der Körper durch die verbesserte Ausdauer stressresistenter wird. Optimal wären mindestens drei Sporteinheiten pro Woche. Allerdings wird der erholsame Effekt aufgelöst, wenn Sie gestresst zum Sport kommen und anschließend unter Zeitdruck in Ihrer Arbeit oder Alltagsbeschäftigung weitermachen. Die Sporteinheit darf nicht in den Wochenplan gequetscht werden.

Ihr Zeitplan sollte so flexibel sein, dass Sie auch mal 30 Minuten länger trainieren können, wenn Sie dazu Lust haben.

Wie gut erholen Sie sich durch sportliche Aktivitäten?				
100 %	circa 75 %	circa 50 %	circa 25 %	gar nicht
Handicap				
+5 – 9	10 – 19	20 – 36	37 – 45	46 – 54

STRESSMANAGEMENT DURCH MENTALES TRAINING

Um sich lohnende Pausen im Leben zu verschaffen, in denen der Geist Erholung findet, gibt es sehr gute mentale Trainingsformen, die man auch für den Golfsport nutzen kann. Eine Auswahl dieser Methoden ist hier aufgelistet. Ich habe mich dabei auf die mentalen Trainingsformen beschränkt, die ich selbst schon über längere Zeit ausprobieren konnte und mit denen ich gute Erfahrungen gemacht habe.

Bei der **progressiven Muskelrelaxation** nach Edmund Jacobson wird durch die willentliche An- und Entspannung bestimmter Muskelgruppen in einer bestimmten Reihenfolge ein Entspannungszustand des ganzen Körpers erreicht. Sie können dadurch lernen, Ihren Körper besser wahrzunehmen und in Stresssituationen gezielt Entspannung herbeiführen.

Das **autogene Training** ist eine auf Autosuggestion basierende Entspannungstechnik. Es eignet sich hervorragend zum Stressabbau. Am Abend vor einem Turnier ist es eine gute Methode, um sich zu entspannen und einen erholsamen Schlaf zu finden.

Atemübungen und Atemtechniken haben den Vorteil, dass Sie direkt in einer Stress auslösenden Situation angewendet werden können. Ebenfalls positiv ist, dass man sich durch entsprechende Atmung auch pushen kann. Einige Sportler haben nämlich das Problem, zu sehr entspannt zu sein und erreichen dadurch auch nicht ihren idealen Leistungszustand.

Die **Traumreise** ist eine Erweiterung des autogenen Trainings. Sie kann zur Verbesserung des Schlafs und zur Entspannung genutzt werden. Beim Golfsport ist es aber auch möglich, mit einer angepassten Traumreise den Fokus auf den Golfplatz oder auf den eigenen Schwung zu richten. Dadurch erreicht man beim Spcrtler eine Vertiefung der Aufgabe und eine erhöhte Aufmerksamkeit sowie ein intensiveres Lernen.

Yoga ist eine aus Indien stammende philosophische Lehre, die eine Reihe geistiger und körperlicher Übungen umfasst. Es entspannt den Geist und gibt dem Körper eine sehr gute Beweglichkeit und Spannung. Yoga eignet sich ideal für die geistige Entspannung wie auch für die körperliche Balance.

Nutzen Sie regelmäßig Entspannungspraktiken für aktiven Stressabbau?				
100 %	**circa 75 %**	**circa 50 %**	**circa 25 %**	**gar nicht**
Handicap				
+5 – 9	**10 – 19**	**20 – 36**	**37 – 45**	**46 - 54**

Der Mittelwert aus den Unterhandicaps

- Stressmanagement im Leben
- Stressmanagement im Turnier
- Stressmanagement durch Ernährung
- Stressmanagement durch Sport
- Stressmanagement durch mentale Trainingsformen

ergibt Ihr Handicap für „Stressmanagement".

TRAININGSQUALITÄT

Die Qualität des Trainings ist es, die den guten vom sehr guten Spieler unterscheidet. Nicht nur die Zeit, die auf dem Trainingsgelände verbracht wird, ist ausschlaggebend für den Erfolg, sondern die Intensität, mit der trainiert wird. Es gibt viele Spieler, die so viel mehr erreichen könnten, wenn sie nur richtig trainieren würden.

Eine häufig zu beobachtende Ablenkung ist die Unterhaltung mit dem Trainingsnachbarn; manchesmal besteht das Training aus einem durchgehenden Gespräch. Auf diese Weise kann weder ein gutes Training, noch ein gutes Gespräch stattfinden. Wenn Sie einen netten Menschen im Trainingsbereich treffen, unterhalten Sie sich mit ihm und nützen das Gespräch für eine Trainingspause. Nachdem Sie sich mit ihm ausgetauscht haben, wenden Sie sich wieder mit voller Konzentration Ihrem Training zu.

Ein anderer typischer Fehler ist das monotone Bälleschlagen. Die aktuelle Gehirnforschung belegt, dass die plumpe Wiederholung ein schlechter Lernweg ist. Natürlich gibt es Lernsituationen, in denen es sinnvoll ist, 30 Minuten lang Bälle mit demselben Schläger auf ein Ziel zu schlagen. Aber nicht jede Trainingseinheit sollte auf diese Weise ablaufen. Gut ist es, wenn Sie Ihrem Gehirn immer neue Aufgaben stellen. Wechseln Sie nach zehn Schlägen den Schläger und das Ziel, oder versuchen Sie, mit einem Schläger bewusst Kurven zu schlagen, oder den Ball aus schweren Lagen gut zu treffen. Wenn Sie schnell und gut lernen möchten, dann geben Sie Ihrem Gehirn ausgewogene und abwechslungsreiche Lernnahrung.

Um Ihre Trainingsqualität zu beurteilen, überprüfen Sie die folgenden Punkte:
- Konzentration im Training
- Vorbereitung und Nachbearbeitung einzelner Schläge
- Führen eines Trainingsbuchs
- Haben Sie einen Trainingsplan?

KONZENTRATION IM TRAINING

Wenn Sie trainieren, sollte das mit voller Aufmerksamkeit geschehen. Die folgende Gegenüberstellung vergleicht ein hochwertiges Trainingsverhalten mit einem minderwertigen Training.

Hochwertiges Training	Minderwertiges Training
• Handy aus • Ohne Musik • Keine Unterhaltung mit dem Trainingsnachbarn • Schläge werden oft mit voller Routine ausgeführt • Trainingshilfen werden eingesetzt (Spiegel, Ausrichtungshilfen, Radarsystem, Teaching Aids…)	• Handy an • Mit Musik • Unterhaltung mit dem Trainingsnachbarn • Immer nur Miniroutine oder überhaupt keine Routine • Trainingshilfen werden nicht verwendet
• Das Training beginnt mit einem Warm-up, das eine klare Struktur hat und den Körper in eine optimale Leistungssituation bringt	• Es gibt fast nie ein Warm-up oder das Aufwärmen dauert nur zwei Minuten
• Einheiten mit Warm-up sollten mindestens 45 Minuten lang sein, aber höchstens 60 Minuten, danach muss eine lohnende Pause erfolgen • Nach zehn Schlägen wird der Schläger, das Ziel oder die Aufgabe geändert	• Einheiten sind zu kurz, dadurch entsteht kein nachhaltiger Trainingseffekt, oder die Einheiten sind so lang, dass Zeit verschwendet wird • Die normale Trainingseinheit besteht aus monotonem Bälleschlagen

Wie hoch ist Ihre Konzentration beim Training?				
100 %	**circa 75 %**	**circa 50 %**	**circa 25 %**	**gar nicht**
Handicap				
+5 – 9	**10 – 19**	**20 – 36**	**37 – 45**	**46 – 54**

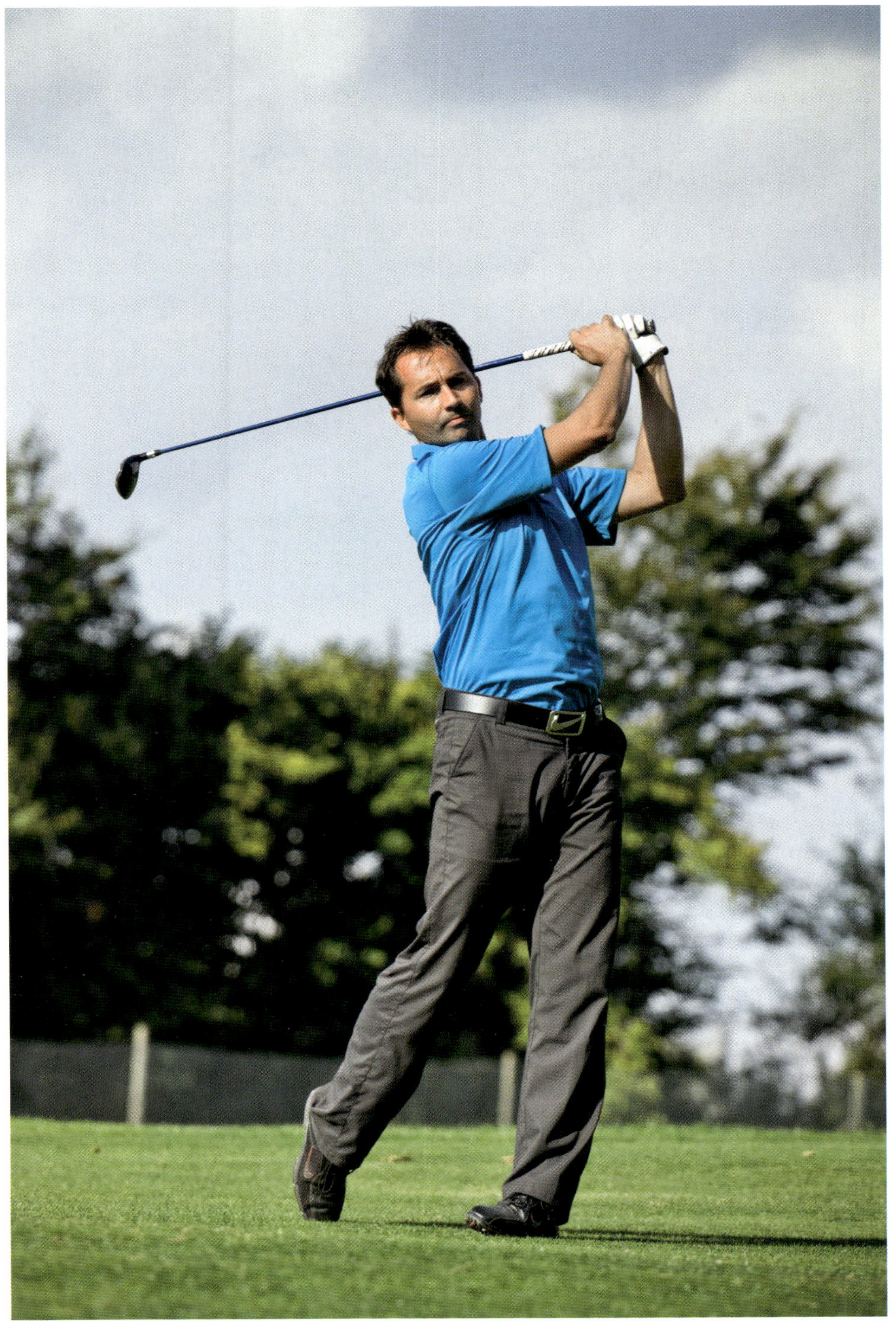

VORBEREITUNG UND NACHBEARBEITUNG EINZELNER SCHLÄGE

Im Training sollten Sie jeden Schlag hochwertig Vorbereiten und Nachbearbeiten. Die Zeit ist zu schade, um einfach nur unkonzentriert Bälle zu schlagen. Alles, was Sie machen, sollten Sie mit hoher Aufmerksamkeit tun. Der Leistungsspieler sollte jeden Schlag mit einem klaren Fokus vorbereiten. Die Besten brechen selbst im Training Schläge ab, wenn Sie merken, dass Ihre Konzentration nicht voll und ganz dem Schlag gilt. Egal, welchen Aspekt Sie trainieren, die Vorbereitung sollte immer vollständig sein. Nach dem Schlag gilt es, das Gefühl der Körperbewegung, das Gefühl des Treffmoments, den Ballflug und den Ton des Treffmoments bewusst wahrzunehmen. Sie sollten diese Informationen analysieren und für die nächste Schlagvorbereitung verwenden.

Wie gut ist Ihre Schlagvorbereitung und -nachbearbeitung beim Training?				
100 %	**circa 75 %**	**circa 50 %**	**circa 25 %**	**gar nicht**
Handicap				
+5 – 9	**10 – 19**	**20 – 36**	**37 – 45**	**46 – 54**

FÜHREN EINES TRAININGSBUCHS

Wenn Sie sich in Ihrem Golfspiel verbessern wollen, müssen Sie ein Trainingsbuch führen. Nur so können Sie Ihre Gedanken sortieren und Ihre Trainingsaufgaben konsequent weiterverfolgen. In einem Trainingsbuch sollten die Anweisungen und Übungen Ihres Professionals stehen. Notieren Sie sich aber auch Ihre eigenen Gedanken und Ziele aus den einzelnen Trainingseinheiten. Schreiben Sie auf, an was Sie zuletzt gearbeitet haben und welche Erkenntnisse Sie daraus gewonnen haben, damit Sie beim nächsten Training daran anknüpfen können. Idealerweise steht die nächste Trainingseinheit in Ihrem Buch, bevor Sie auf den Golfplatz kommen. Dadurch können Sie sich schon während der Fahrt auf das Training einstimmen und müssen nicht erst auf dem Trainingsgelände überlegen, was Sie heute tun könnten. Klare Anhaltspunkte für Ihr Training geben Ihnen natürlich auch die Tests aus dem Kapitel „Golftechnik" ebenso wie Ihre Turnier- und Rundenanalysen.

Wie sorgfältig führen Sie ein Trainingsbuch?				
100 %	**circa 75 %**	**circa 50 %**	**circa 25 %**	**gar nicht**
Handicap				
+5 – 9	**10 – 19**	**20 – 36**	**37 – 45**	**46 – 54**

HABEN SIE EINEN TRAININGSPLAN?

Viele Spieler gestalten ihr Training aufgrund von kurzfristigen Eindrücken. Wenn sie im letzten Turnier schlecht geputtet haben, dann trainieren sie das Putten; wenn im nächsten Turnier die Drives nicht kommen, wird mit dem Driver trainiert. Diese Form von Trainingsplanung ist zwar nicht verwerflich, ideal ist sie aber nicht, denn es findet keine wirkliche Weiterentwicklung statt. Ein guter Trainingsplan berücksichtigt zwar auch das aktuelle Geschehen, dient aber in erster Linie der langfristigen Entwicklung des Sportlers. Wenn die Ergebnisse Ihres Kompass-Tests Schwächen in einzelnen Bereichen aufzeigen, sollten Sie langfristig an diesen Bereichen arbeiten, ohne die anderen Elemente des Spiels zu vernachlässigen.

Ihr Trainingsplan sollte für einen Zeitraum von mehreren Wochen angelegt sein und während dieser Zeit alle Spielbereiche abdecken. Der Schwerpunkt liegt bei Ihren Schwächen, alle anderen Bereiche werden aber trotzdem trainiert. Der Golfsport ist zu vielseitig, um sich im Training auf nur eine Aufgabe zu konzentrieren. Zudem ist die Abwechslung im Training auch für das Lernen selbst wichtig, weil dadurch Ihr Gehirn wach bleibt und die Lerneffizienz durch immer neue Reize steigt.

Haben Sie einen Trainingsplan?				
100 %	**circa 75 %**	**circa 50 %**	**circa 25 %**	**gar nicht**
Handicap				
+5 – 9	**10 – 19**	**20 – 36**	**37 – 45**	**46 – 54**

Bilden sie einen Mittelwert aus den Unterhandicaps

- Konzentration im Training
- Vorbereitung und Nachbearbeitung einzelner Schläge
- Führen eines Trainingsbuchs
- Haben Sie einen Trainingsplan?

und tragen Sie Ihr Handicap „Trainingsqualität“ in den Golf-Kompass ein.

ROUTINE

Unter einer Routine verstehen wir eine Handlungsreihe, die durch häufige Wiederholung zur Gewohnheit wird. Die Gefahr besteht, wenn eine Handlung zur Gewohnheit wird, dass sie oberflächlich durchgeführt und eine Veränderung nicht bemerkt wird. Es kommt vor, dass wichtige Teile mit der Zeit verloren gehen, wenn man sie nicht immer wieder überprüft.

Im Golfsport sprechen wir deshalb lieber von der „Check Routine". Hierbei müssen immer folgende Prozesse ablaufen:

- Sammeln der Informationen, die für den Schlag wichtig sind
- Planung des Schlags, basierend auf der Strategie
- Gefühlsaufbau angepasst an den Schlag
- Zielfokusierter Aufbau am Ball und zeitnahe Schlagausführung
- Hochwertige Schlagnachbearbeitung

Jeder Spieler hat eine Routine, ob er es weiß oder nicht. Das Ziel der Routine ist, den Golfer physisch und mental optimal auf den Schlag vorzubereiten. Wenn sich die Routine während der Runde ändert, dann ändern sich das gesamte Schlaggefühl und die gesamte geistige Einstellung. Zu empfehlen ist ein Routinewechsel auf der Runde nur, wenn etwas nicht funktioniert. Spielen Sie gut, dann sollten Sie Ihre bewährte Routine beibehalten.

Ein häufig zu beobachtendes Beispiel: Wenn ein Spieler sehr gut in einem Turnier spielt und nach 16 Löchern merkt, dass er nur noch zwei ordentliche Löcher zum Turniersieg benötigt, dann ändert er plötzlich seine Routine. Er wird langsamer in der Schlagvorbereitung, weil er keinen Fehler machen und sein gutes Ergebnis ins Clubhaus bringen möchte. Genau das ist dann meist der Fehler. Der Spieler versucht etwas anderes zu machen als das, was ihn zuvor erfolgreich gemacht hat und verschlechtert dadurch meist sein Ergebnis. Es gibt auch Spieler, die in dieser Situation hektisch werden und Fehler in der Schlagplanung oder im Gefühlsaufbau machen. Dadurch entstehen oft schlechte Schläge, die hätten vermieden werden können, wenn der Spieler genauso präzise weitergespielt hätte wie zuvor.

Im Golfsport sind drei Arten von Routine wichtig: die Schlagroutine, die Puttroutine und die Turnierroutine.

SCHLAGROUTINE

Die wichtigsten Elemente für eine gute Schlagroutine sind:

Analysephase

- Sich über die Gesamtlänge, Höhenunterschiede und Windbedingungen informieren.
- Die Balllage analysieren und daraus ableiten, welche Schlagmöglichkeiten es gibt.
- Die Bodenoberfläche (Härte, Schräge und Rollwiderstand) des Landepunkts in Betracht ziehen.
- Die Position der Hindernisse und deren jeweilige Schwierigkeit/Gefahr berücksichtigen.
- Die eigene Schlaglänge und das Spin-Verhalten (Back- und Sidespin) kennen.

Aus allen Punkten zusammen erfolgt eine klare Schlagplanung.

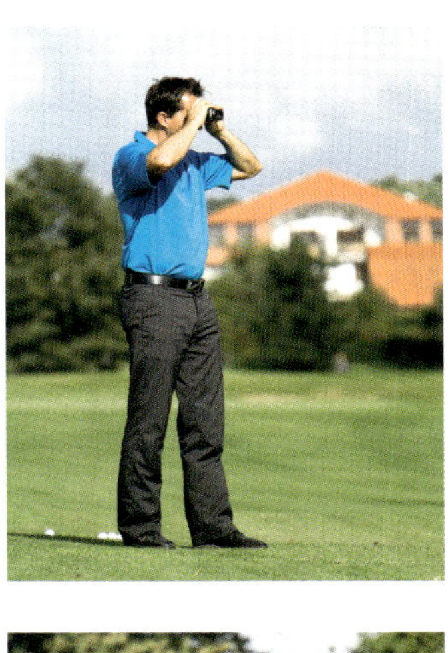

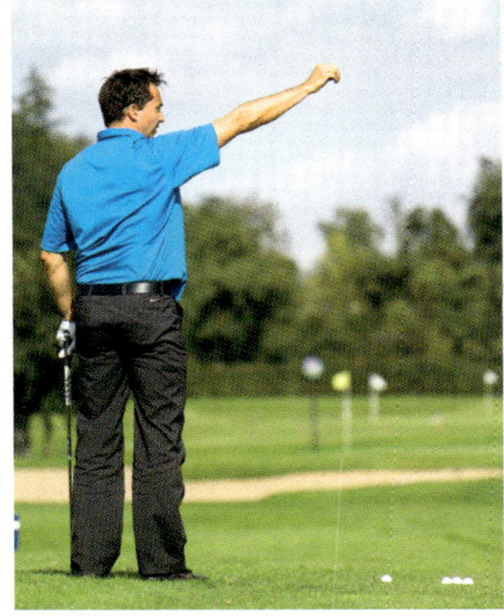

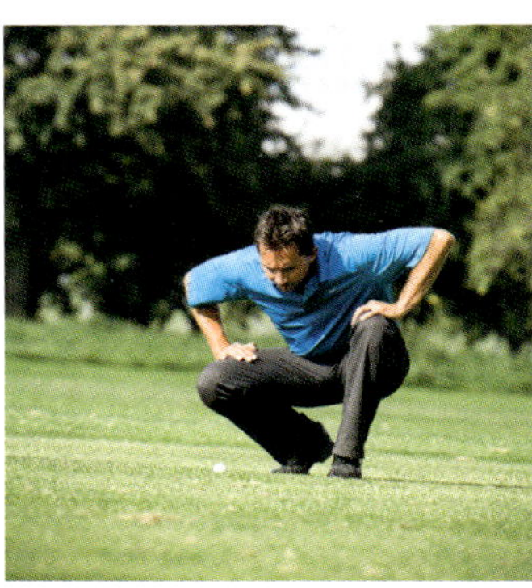

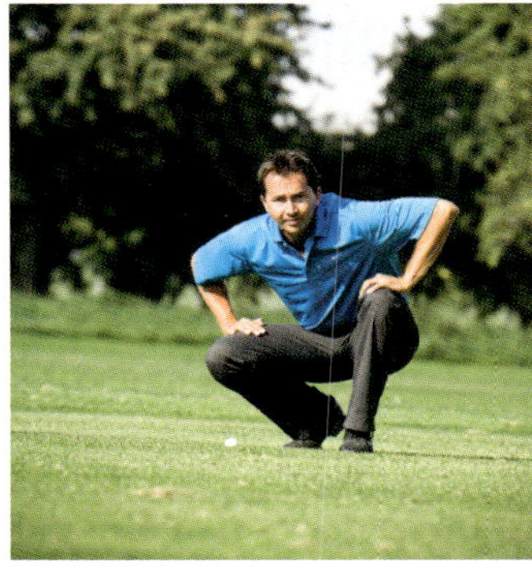

Gefühlsaufbauphase

- Mit dem gewählten Schläger Probeschwünge machen, die dem folgenden Schlag in Schwunggröße, Intensität und Bodentreffqualität entsprechen.
- So lange proben, bis Ihr Gefühl und die Balance Ihnen gefallen.

Zielverbindungsphase

- Hinter dem Ball stehend die Flugbahn zum Ziel visualisieren und mit einer klaren Set-up-Vorstellung an den Ball herantreten.
- Zuerst die Schlagfläche hinter den Ball stellen und diese mit mindestens einem Blick zum Ziel fein ausrichten.
- Den Körper zum Schläger ausrichten; so lange mit den Füßen feine Schritte auf der Stelle machen, bis die Position balanciert, rechtwinklig und angenehm ist.
- Mindestens einen Blick zum Ziel werfen, um die Standposition und Ausrichtung abzugleichen; notfalls kleine Korrekturen vornehmen.

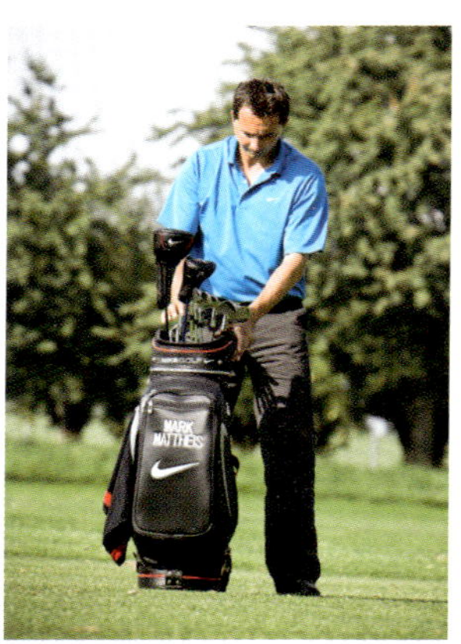
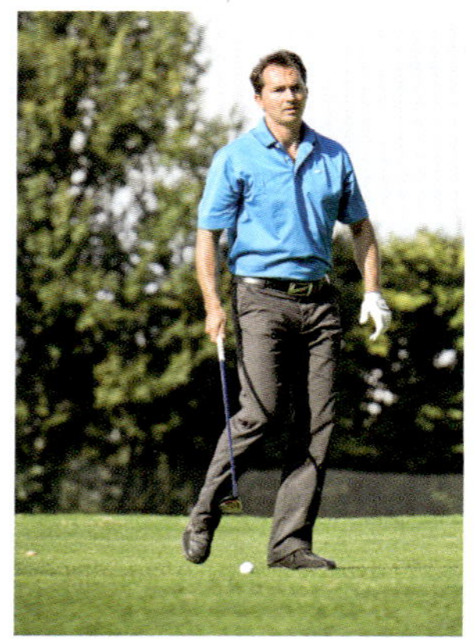
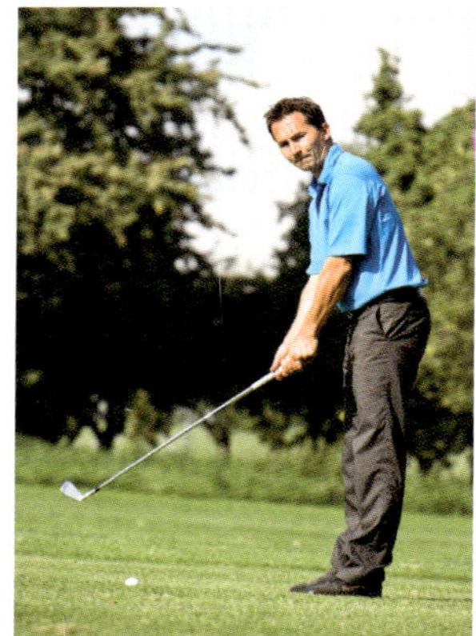
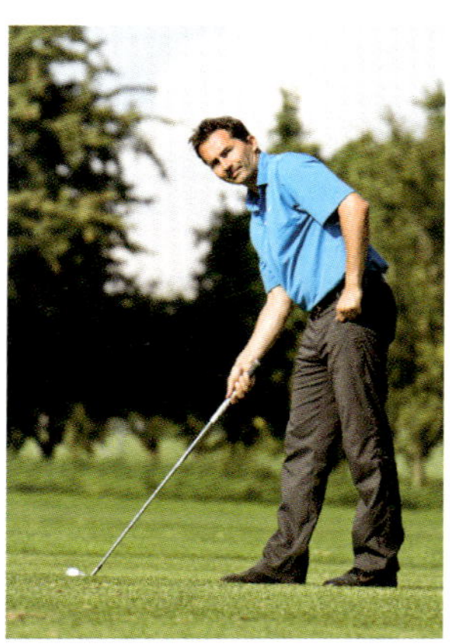
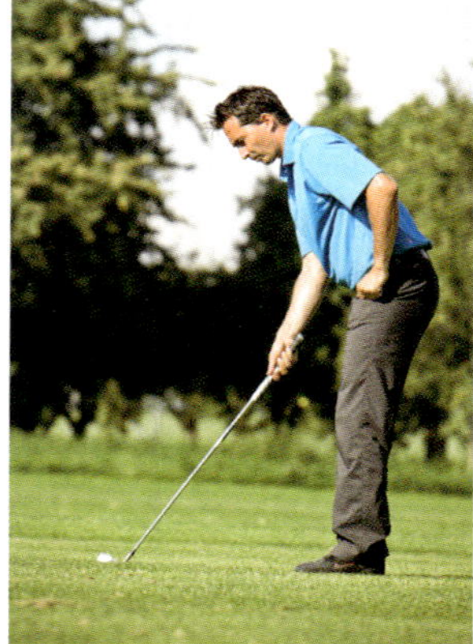
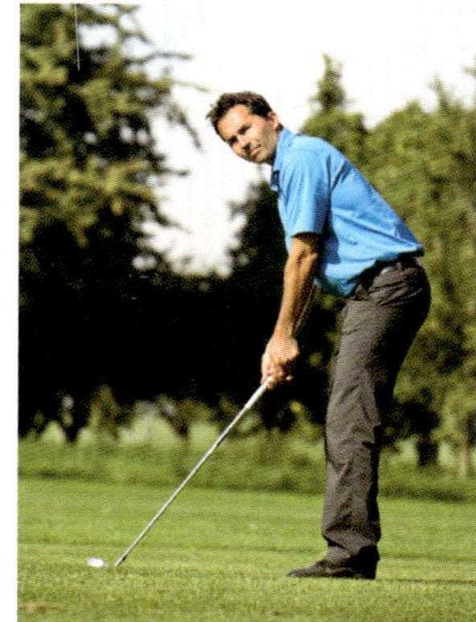

- Achtung: Wenn Sie sich jetzt nicht gut fühlen, dann gehen sie noch einmal hinter den Ball und versuchen Sie herauszufinden, was Sie stört; beginnen Sie mit einem erneuten Gefühlsaufbau. Die wenigsten Spieler schaffen diesen Schritt und ärgern sich nach dem Schlag, nicht auf ihr Gefühl gehört zu haben.
- Wenn Sie sich wohlfühlen, sollte der Schlag in den nächsten Sekunden ausgeführt werden; stehen Sie nicht zu lange am Ball, dadurch werden die Muskeln fest und negative Gedanken haben die Chance, ins Bewusstsein zu gelangen.

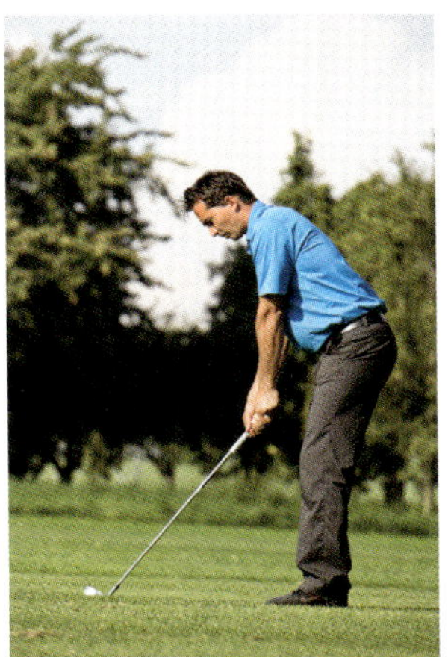

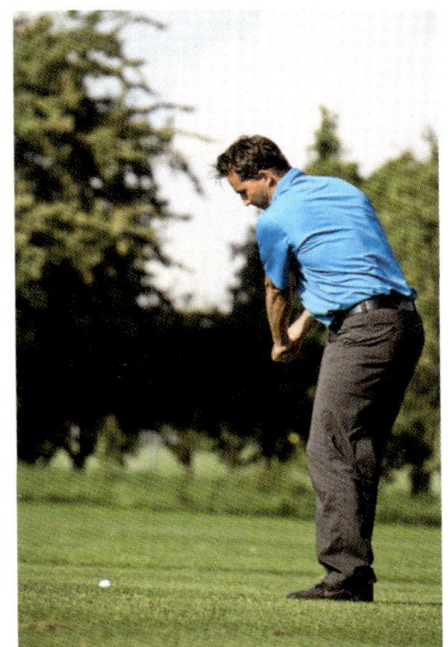

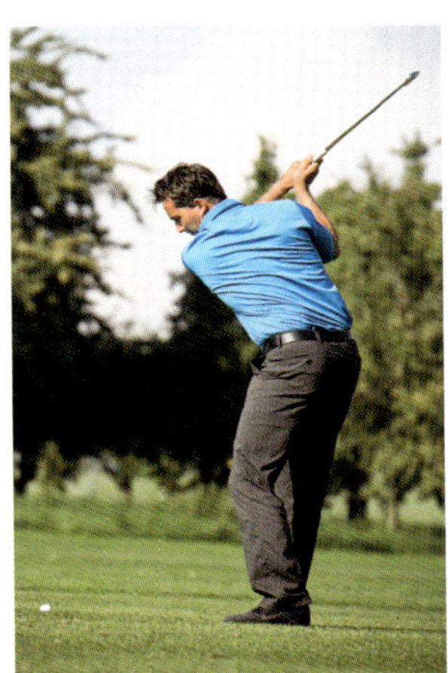

Nachbearbeitungsphase

- Verfolgen Sie den Ball, bis er gelandet ist; halten Sie solange ein balanciertes Finish.
- Achten Sie auf Ihr Körpergefühl, genießen Sie es bei einem gelungenen Schlag; bei einem misslungenen Schlag sagt Ihnen Ihr Körper, was nicht gepasst hat.
- Nutzen Sie die Informationen Ihres Körpers und speichern Sie das gute Gefühl mit einem eigenen Signal (Lächeln, Faust...); bei einem schlechten Schlag machen Sie noch einmal einen Probeschwung und verbessern Sie das zuvor negative Körpergefühl, so dass Sie diesen Schlag mit einem guten Schwunggefühl verlassen.
- Schließen Sie mit dem Schlag emotional ab und entspannen Sie sich.

Wie vollständig ist Ihre Schlagroutine?				
100 %	**circa 75 %**	**circa 50 %**	**circa 25 %**	**gar nicht**
Handicap				
+5 – 9	**10 – 19**	**20 – 36**	**37 – 45**	**46 – 54**

PUTTROUTINE

Was den geistigen Aspekt anbelangt, unterscheidet sich die Puttroutine nicht von der Schlagroutine. Auch hier ist es das Ziel, den Körper optimal auf den Schlag vorzubereiten. Der große Unterschied liegt darin, dass wir beim Gefühlsaufbau viel feiner sein müssen als bei den vollen Schlägen. Mit dem Putter müssen wir unterschiedliche Bewegungslängen sehr fein dosieren: je nachdem, ob es nur ein Ein-Meter-Putt bergab ist oder ein 20-Meter-Putt bergauf. Im langen Spiel nutzen wir für solche Längenunterschiede in der Regel einen anderen Schläger und lassen das gleiche automatisierte Schwungmuster für einen vollen Schlag ablaufen. Beim Putten geht das nicht, wir müssen mit einem Schläger auskommen und können nur die Ausholbewegung und das Schwungtempo anpassen. Deshalb müssen wir besonderen Wert auf den Gefühlsaufbau vor dem Schlag legen.

Ein weiterer großer Unterschied zu den anderen Schlägen besteht darin, dass der Ball durchgehend rollt. Dadurch müssen wir vor dem Schlag viel präziser analysieren, wie die Grünschrägen, der Graswuchs und die Graslänge beschaffen sind. Ebenfalls müssen wir darauf achten, ob die Oberfläche trocken oder nass ist. Diese Faktoren beeinflussen den Rollwiderstand erheblich und müssen im Gefühlsaufbau berücksichtigt werden.

Die wichtigsten Punkte der Puttroutine sind:

Analysephase

- Das Grün lesen; dies sollte schon beim Laufen zum Grün beginnen, so bekommen Sie den ersten Eindruck von den Hauptgefällen des Grüns.
- Lesen Sie Ihre Puttlinie von mindestens zwei Seiten. Wenn Sie auf dem Gün sind, nehmen Sie auch Ihre Balance wahr, sie kann Ihnen bei Zweifeln sagen, ob das Grün eher nach links oder nach rechts hängt, genauso ob der Putt bergauf oder bergab geht.
- Wenn Sie sich für eine Puttlinie entschieden haben, suchen Sie sich einen kleinen Punkt auf oder neben der Linie und nutzen Sie diesen als Zwischenziel.

Gefühlsaufbauphase

- Die Präzision des Probeschwungs ist bei diesem Schlag am höchsten; Schwunggröße und Intensität sollten zu 100 Prozent dem folgenden Putt entsprechen.

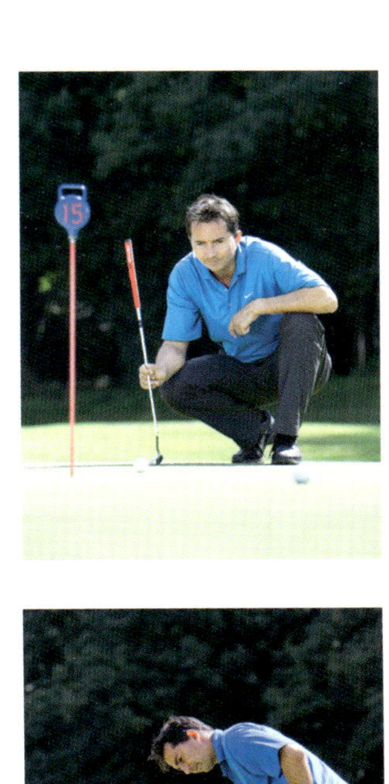
15

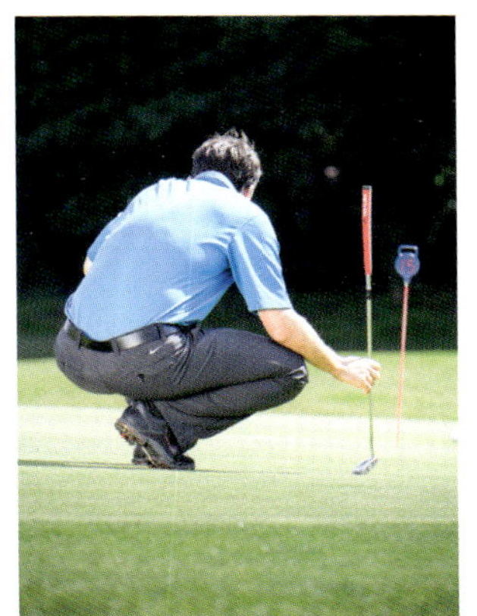

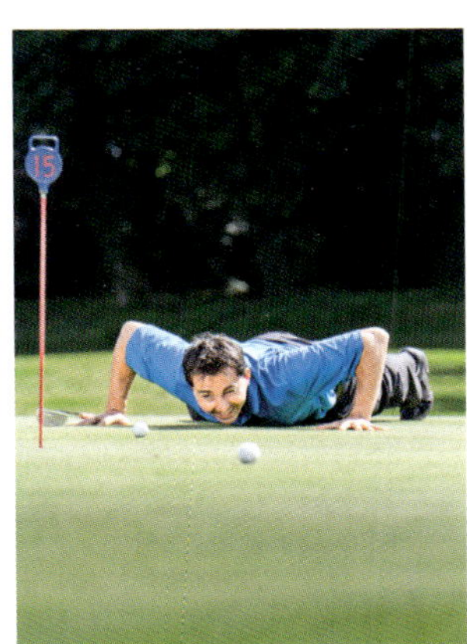
15

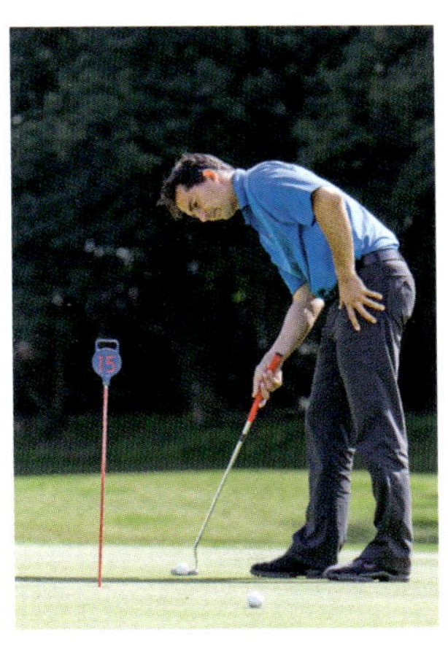
15

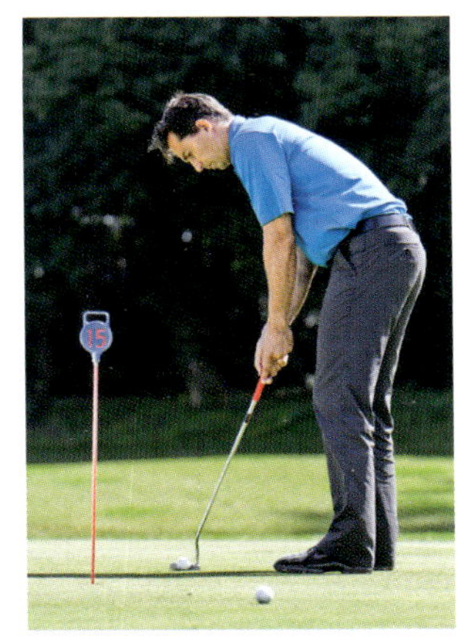
15

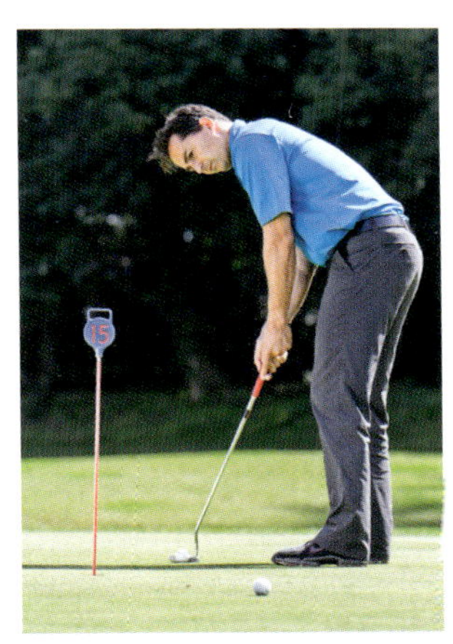
15

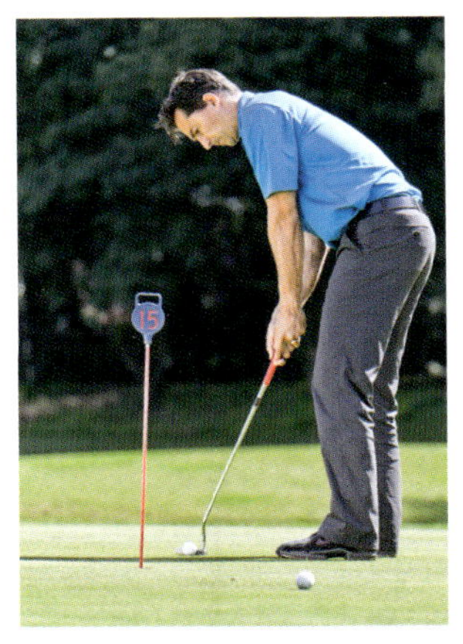
15

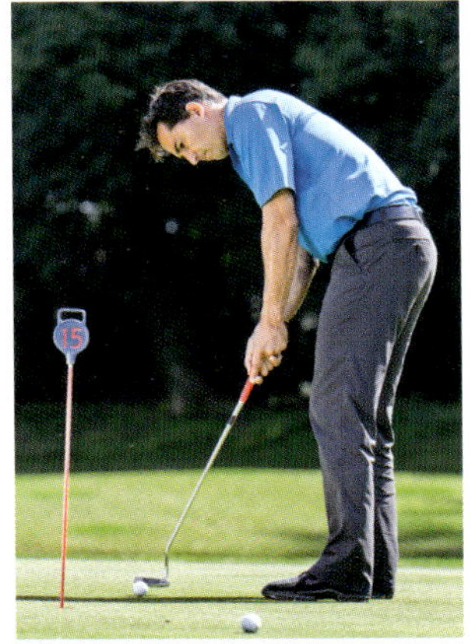
15

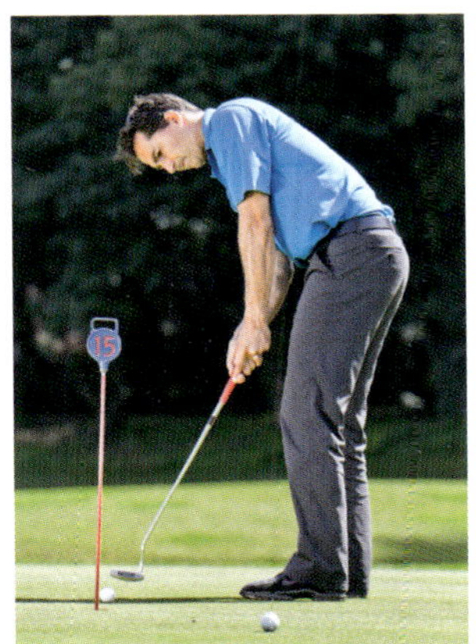
15

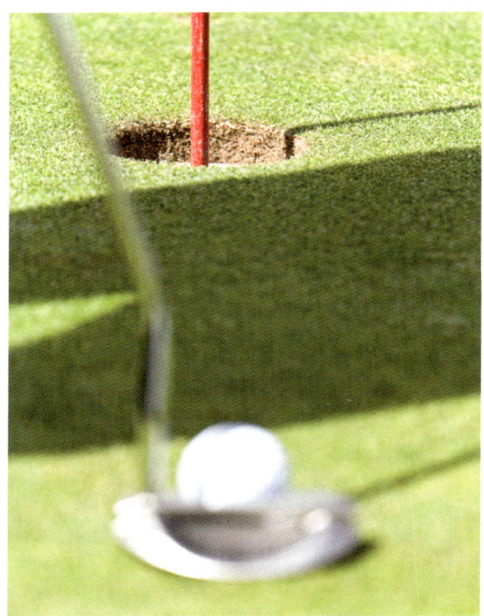

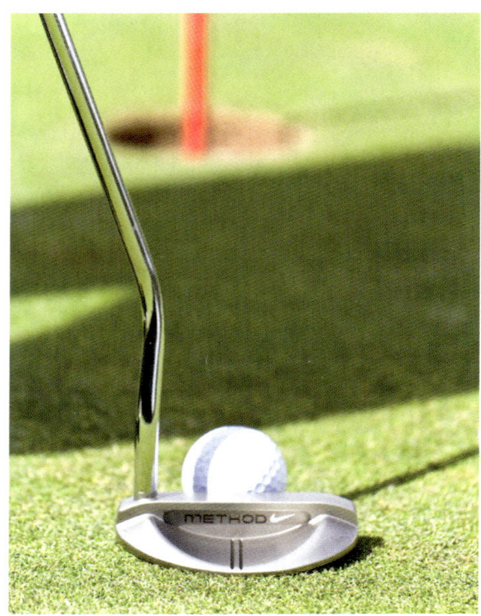

Zielverbindungsphase

- Wenn Sie den Schläger hinter den Ball stellen, sollte die Schlagfläche mit dem Zwischenziel mehrfach abgeglichen werden, der Fokus wechselt zwischen Ziel und Ball; erst dann erfolgt ein feines An-den-Ball-Stellen.
- Nach dem Treffen des Balls sollten Sie Ihre Körperwinkel beibehalten und die Balance in der Standmitte für mindestens zwei Sekunden halten; dieses „saubere" Finish ist wichtig für eine präzise Schlagausführung und um die Bewegungsqualität zu fühlen.

Nachbearbeitungsphase

- Sollte der Break anders sein als erwartet, lesen Sie noch einmal kurz die Puttlinie, um aus der neuen Information etwas zu lernen.
- Sollte das Tempo nicht passen, machen Sie noch einen angepassten Probeschwung nach dem Schlag, um auch hieraus etwas zu lernen.
- Wenn Sie mit Ihrem Putt zufrieden sind, freuen Sie sich und verankern Sie den Schlag mit einem positiven Zeichen (Lächeln, Faust...).

Wie vollständig ist Ihre Puttroutine?				
100 %	circa 75 %	circa 50 %	circa 25 %	gar nicht
Handicap				
+5 – 9	10 – 19	20 – 36	37 – 45	46 – 54

TURNIERROUTINE

Wenn Sie ein Turnier spielen, dann sollten Sie schon vor dem ersten Abschlag eine wiederkehrende Routine in der Wettbewerbsvorbereitung haben. Ideal beginnt Ihre Vorbereitung beim Eintreffen auf dem Golfplatz circa 90 Minuten vor Ihrer Abschlagszeit. Es geht um die physische und psychische Vorbereitung auf den Wettkampf. Beide Elemente sind entscheidend. Vernachlässigen Sie einen Bereich, wird dieser Ihr Spiel negativ beeinflussen; beides geht Hand in Hand.

Der folgende Zeitablauf beschreibt eine optimale Rundenvorbereitung. Sie sollten alle Teile auch in Ihr Spiel integrieren. Die Reihenfolge der Auflistung kann dabei unterschiedlich sein; teilweise ist dies auch durch die örtlichen Gegebenheiten bedingt.

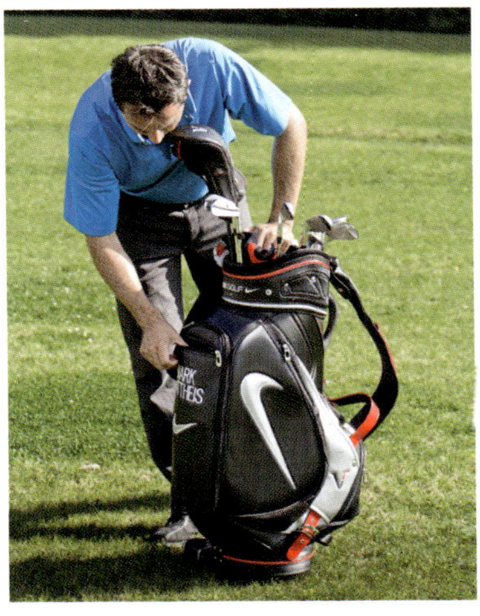

90–75 Minuten vor dem Abschlag

Ankunft auf dem Parkplatz. Das Golfbag und den Trolley aufbauen. Regencover bei schlechter Wetterprognose befestigen. Kontrollieren, ob Bälle, Tees, Pitchgabel, Bleistift, Handtuch, Handschuhe, Regensachen, Essen und Getränk im Bag sind. Danach zum Sekretariat gehen, sich anmelden und feststellen, wo es die Scorekarte gibt. Ideal schon die Sonderplatzregeln mitnehmen und studieren.

75–60 Minuten vor dem Abschlag

Auf dem Putting-Grün einputten. Zuerst lange Putts machen, ohne das Ziel zu haben, einen Ball einzulochen, sondern den vollen Fokus auf die perfekte Geschwindigkeit legen. Wenn trotzdem ein Ball ins Loch fällt, ist es natürlich auch schön. Bei der Längenkontrolle bergauf und bergab putten. Es sollten zu Beginn Putts von zehn bis 15 Meter sein. Später fünf bis zehn Meter. Zum Schluss putten Sie viele Bälle aus ein bis drei Meter. Jetzt sollten Sie sich neben der perfekten Geschwindigkeit auch auf das präzise Break-Lesen und Zielen fokussieren. Bei den letzten Putts sollten Sie Ihre volle Turnierroutine ablaufen lassen.

60–45 Minuten vor dem Abschlag Nach dem Putten spielen Sie um das Grün herum. Machen Sie einige Chips, Bunkerschläge und Pitches. Achten Sie hierbei erst auf gute Ballkontakte und verschieben Sie dann Ihre Aufmerksamkeit immer mehr auf das Loch. Machen Sie zu Beginn Schläge aus sehr guten Lagen und verändern Sie in allen drei Schlagbereichen dann die Lagen und die Schwierigkeiten. Zum Abschluss jeder Schlagart sollten Sie Schläge mit voller Routine durchgeführt haben.

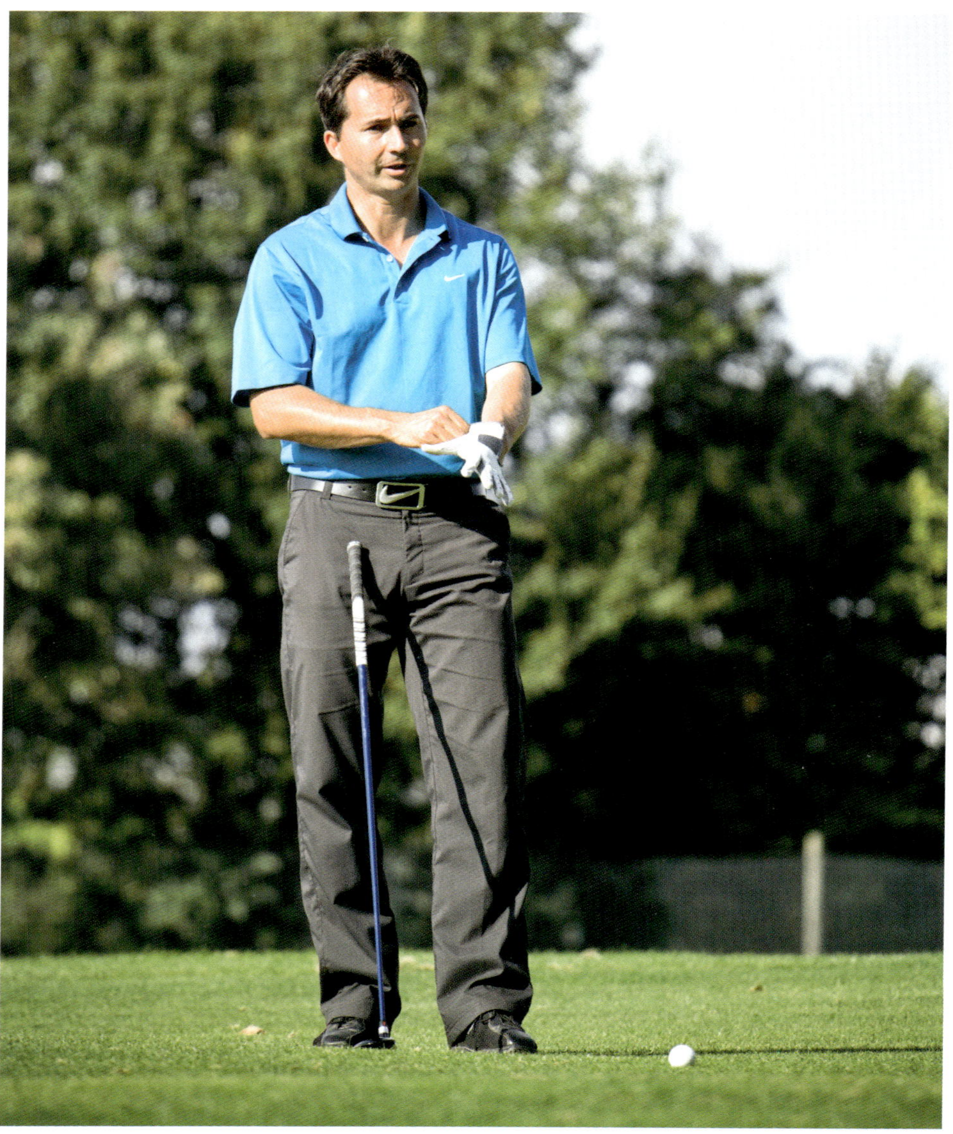

45–35 Minuten vor dem Abschlag Gehen Sie auf die Driving Range und wärmen Sie sich auf. Zuerst sollten Sie Ihr Herz-Kreislauf-System in Schwung bringen. Meine Leistungsspieler springen dafür drei Mal circa 30 Sekunden Seil. Danach sollten Sie Ihren Körper mobilisieren. Darunter verstehe ich keine langen Dehnübungen, denn die senken die Körperspannung zu stark, sondern fließende Bewegungen, die in Ihren Endpunkten kurz (drei bis fünf Sekunden) gehalten werden. Es gibt viele Programme; Sie müssen selbst das für Sie ideale finden. Im Kapitel „Körper" finden Sie gute Ideen, wo Ihr Schwerpunkt liegen sollte.

35–15 Minuten vor dem Abschlag Schlagen Sie sich auf der Driving Range ein. Sie sollten immer mit kurzen Schlägern beginnen. Ihre Aufmerksamkeit sollte zu Beginn auf einer sauberen Bewegung mit sauberen Ballkontakten liegen und sich dann auf das Ziel (die Fahne) verlagern. Die letzten Schläge sollten Sie mit Ihrer vollen Schlagroutine ausführen, um sich zu 100 Prozent auf den Wettkampf einzustimmen. Der letzte Schlag auf der Driving Range sollte der Schlag sein, den Sie an der ersten Spielbahn spielen. Stellen Sie sich die Bahn so präzise wie möglich auf der Driving Range vor und verlassen Sie die Übungswiese mit einem guten Gefühl.

15–10 Minuten vor dem Abschlag Sie haben etwas freie Zeit. Nutzen Sie diese, um noch einmal auf die Toilette zu gehen oder sich zu sortieren. Wenn Sie das Gefühl haben, noch einmal Putten oder Chippen zu wollen, machen Sie es, sonst ist es Ihre Aufgabe, sich geistig zu entspannen.

10–0 Minuten vor dem Abschlag Sie sind am ersten Abschlag, haben Ihre Mitspieler begrüßt, Ihren Ball markiert, angekündigt und die Scorekarten ausgetauscht.

Wie vollständig ist Ihre Turnierroutine?				
100 %	**circa 75 %**	**circa 50 %**	**circa 25 %**	**gar nicht**
Handicap				
+5 – 9	**10 – 19**	**20 – 36**	**37 – 45**	**46 - 54**

KÖRPER + ATHLETIK

KÖRPER + ATHLETIK

von Christian Marysko

Gewidmet Dr. Hansjörg Sutter und Sigrid Adam: „Den beiden Menschen, die mich während meines Studiums am meisten beeindruckt haben"

Was wünschen Sie sich am meisten für Ihr Golfspiel? Vermutlich eine hohe Schlägerkopfgeschwindigkeit, Konstanz im Schwung und Ausdauer. Für alle drei Wünsche brauchen Sie einen optimal funktionierenden Körper. Athletik, Balance, Beweglichkeit und Ausdauer sind unverzichtbare Voraussetzungen für einen guten Golfer und eine gute Golferin. Ohne eine entsprechend entwickelte Muskulatur in der Hüfte, den Schultern und in der Körpermitte wird es Ihnen schwerfallen, einen kraftvollen, ausbalancierten Schwung wiederholbar auszuführen.

Physische Blockaden führen zu einer geringeren Beweglichkeit und zu einer höheren Verletzungsanfälligkeit. Um herauszufinden, wo bei Ihnen körperliche Schwachstellen sind und wo Sie Ihre Athletik verbessern können, finden Sie auf den folgenden Seiten eine Reihe von Tests. Sie können diese Tests ganz einfach zu Hause, im Fitnessstudio oder auf dem Sportplatz mit nur wenigen Hilfsmitteln selbst durchführen. Nur für den Körperstatik-Test brauchen Sie einen erfahrenen Orthopäden.

Damit Sie auch bei längerem Training oder während einer Turnierrunde konzentriert und leistungsfähig bleiben, müssen Sie Ihrem Körper ausreichend Energie zuführen – sprich sich richtig ernähren. Ein athletischer Golfer braucht die richtige Nährstoffmischung und regelmäßige Energiezufuhr. Im letzten Bereich dieses Kapitels können Sie deshalb testen, wie gut Sie sich ernähren.

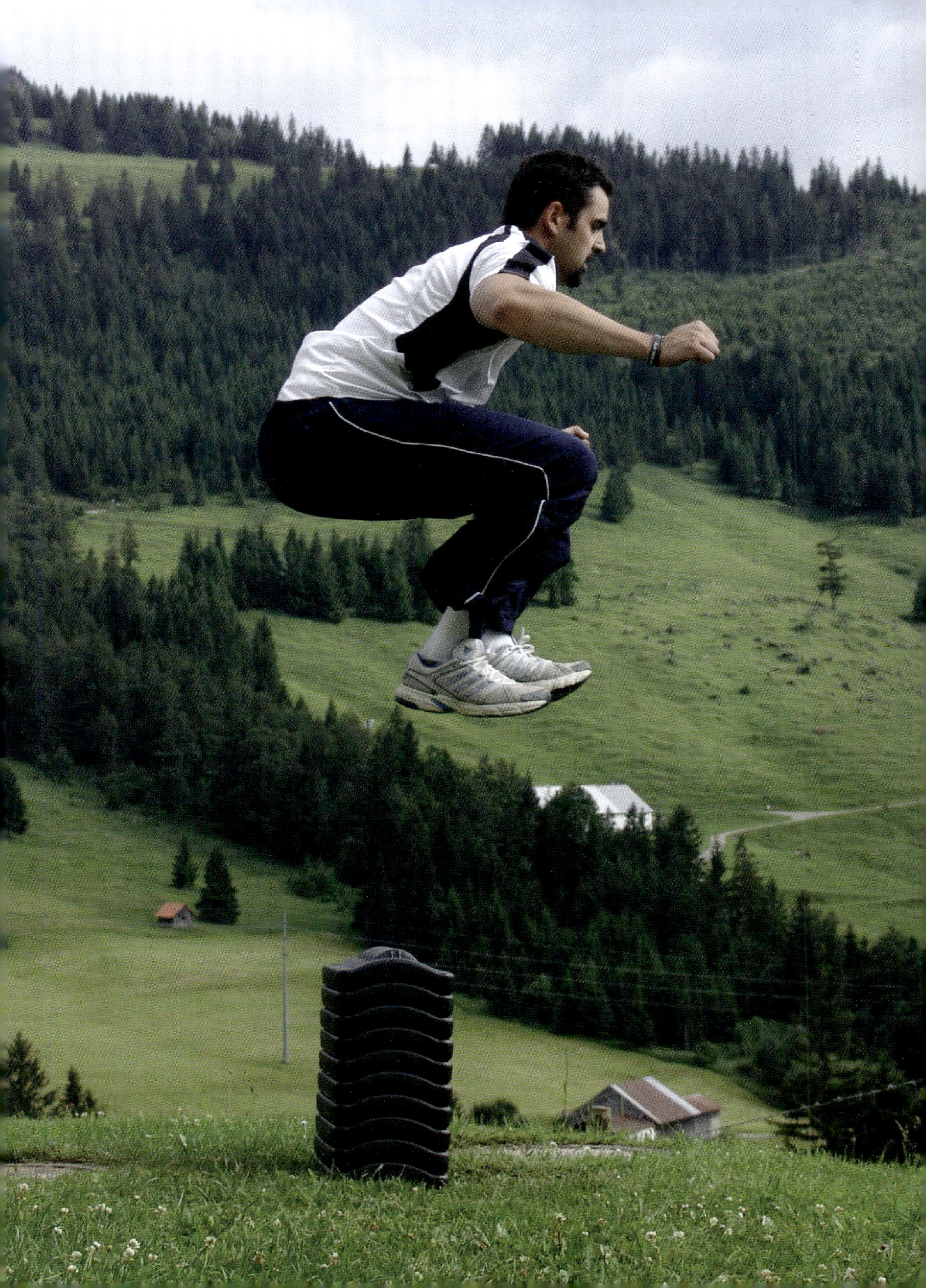

MAXIMALKRAFT

Die Maximalkraft ist die höchstmögliche Kraft, die willkürlich gegen einen Widerstand ausgeübt werden kann.

Warum testen wir dabei die Kraft Ihrer Arme und Beine? Weil die schnellkräftige Schwungbewegung in der Peripherie des Körpers – also in den Armen und Beinen – beginnt und endet und weil es für Sie und Ihren Athletiktrainer wichtig ist zu wissen, auf welcher muskulären Basis in dieser Richtung gearbeitet werden kann. Ein zielgerichtetes, sportartspezifisches Schnellkrafttraining, plyometrisches Training oder Schnelligkeitstraining hat aus gesundheitlicher und trainingseffizienter Sicht nur Sinn, wenn der aktive Bewegungsapparat für diese Art Arbeit bereit ist.

In zwei einfachen Tests können Sie die Kraftfähigkeit Ihrer Beine und Arme festellen: dem Kniebeuge-Test und dem Liegestütz-Test.

DER KNIEBEUGE-TEST

Mit der Kniebeuge, einer klassischen Übung des Kraftdreikampfs und auch Basisübung im Krafttraining, wird die sogenannte Hüftstreckschlinge trainiert. Diese setzt sich aus dem Musculus glutaeus maximus (großer Gesäßmuskel), dem Musculus quadriceps femoris (vierköpfiger Oberschenkelmuskel), dem Musculus gastrocnemius (zweiköpfiger Wadenmuskel) und dem Musculus soleus (Schollenmuskel) zusammen.

Der Kniebeuge-Test soll die Kraftfähigkeit dieser Muskelgruppen aufzeigen.

Materialien: Sie benötigen einen Stuhl oder eine andere Erhöhung mit vergleichbarer Höhe.

Ablauf: Stellen Sie sich mit dem Rücken zum Stuhl und positionieren Sie Ihre Füße so, dass sie etwa schulterbreit vom Stuhl

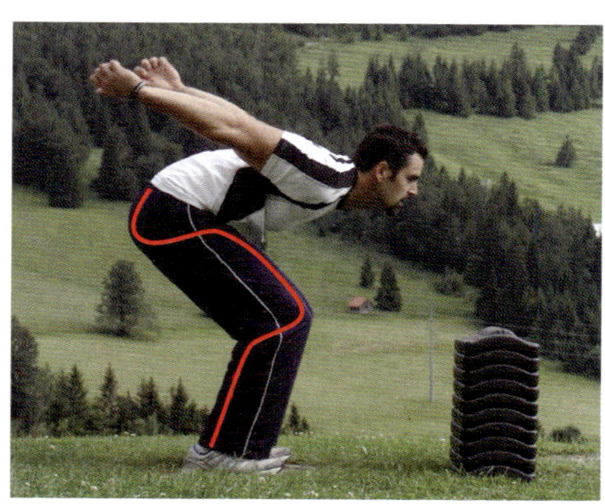

Hüftstreckschlinge

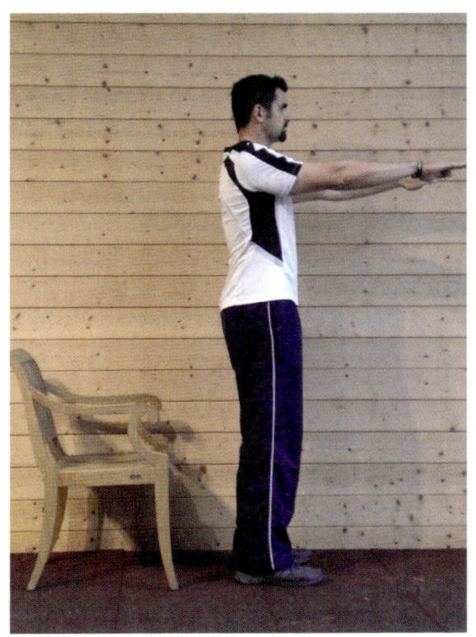

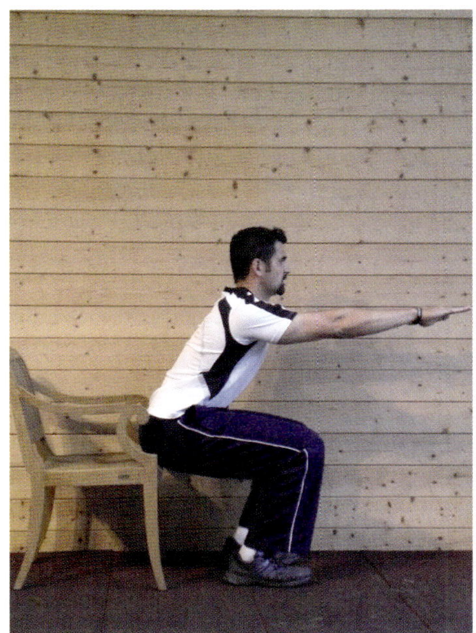

entfernt sind. Strecken Sie Ihre Arme vor der Brust waagrecht aus. Sie starten die Bewegung, indem Sie den Körper absenken, bis das Gesäß ganz leicht den Sitz des Stuhls berührt. Die Knie sollten dabei etwa rechtwinklig gebeugt sein. Die Unterschenkel bleiben so senkrecht wie möglich, das heißt die Knie sollen nicht über die Fußspitze ragen. Den Oberkörper halten Sie völlig gerade und Ihr Blick bleibt nach vorn gerichtet. Drücken Sie sich wieder hoch, die Knie bleiben leicht gebeugt, und wiederholen Sie die Übung so oft wie möglich.

Anzahl der Kniebeugen / weiblich					
> 39	**35–39**	**30–34**	**26–29**	**21–25**	**0–20**
Handicap					
+5–0	**1–9**	**10–18**	**19– 28**	**29–39**	**40–54**

Anzahl der Kniebeugen / männlich					
> 47	**42–47**	**38–41**	**34–37**	**30–33**	**0–29**
Handicap					
+5–0	**1–9**	**10–18**	**19– 28**	**29–39**	**40–54**

DER LIEGESTÜTZ-TEST

Der Liegestütz gehört ebenfalls zu den klassischen Übungen im Krafttraining. Bei ihm handelt es sich um eine Körpergewichtbewegung, das heißt Sie nutzen das Körpergewicht als Trainingswiderstand. Aufgrund des unterschiedlichen Kräfteniveaus bei Männern und Frauen kommt es bei der Ausführung des Tests zu einer Modifikation der Ausgangsposition.

Ablauf weiblich: Positionieren Sie Ihre Hände etwas weiter als schulterbreit auf dem Boden unmittelbar unterhalb der Schulter. Begeben Sie sich nun in die Liegestützposition. Stellen Sie die Knie nebeneinander auf dem Boden ab und winkeln Sie die Beine leicht an. Führen Sie den Liegestütz aus, indem Sie den Körper zum Boden absenken und in die Ausgangsposition zurückkehren. Machen Sie hintereinander so viele Liegestütze wie Sie können. Sobald Sie pausieren müssen, ist der Test vorüber. Achten Sie darauf, dass Sie während der Ausführung den Körper gerade halten.

Anzahl der Liegestützen / weiblich					
> 37	**31–37**	**24–30**	**13–23**	**7–12**	**0–6**
Handicap					
+5–0	**1–9**	**10–18**	**19– 28**	**29–39**	**40–54**

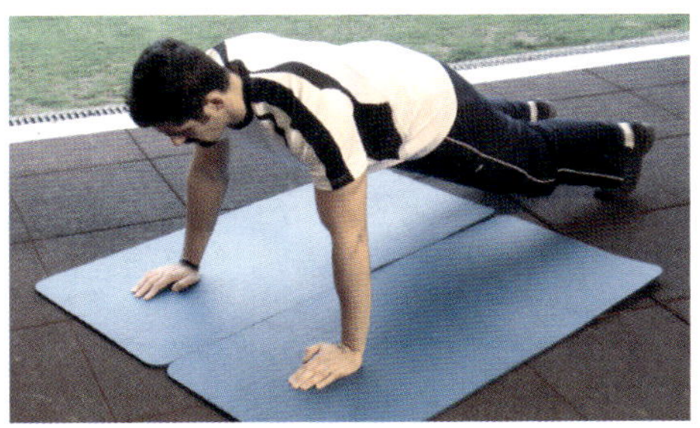

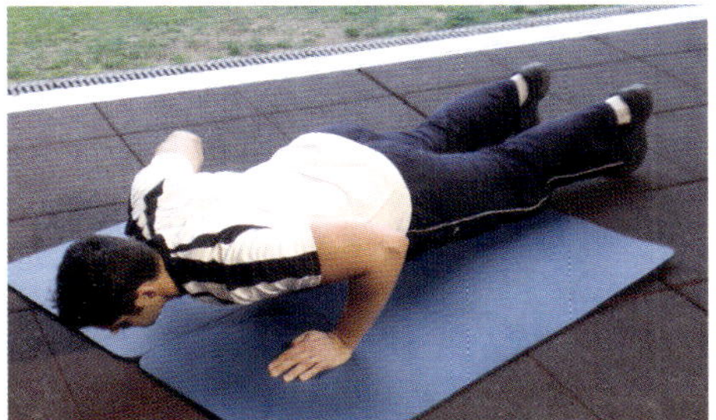

Ablauf männlich: Positionieren Sie Ihre Hände etwas weiter als schulterbreit auf dem Boden unmittelbar unterhalb der Schulter. Begeben Sie sich nun in die Liegestützposition. Senken Sie den Körper zum Boden und kehren Sie ohne den Boden zu berühren in die Ausgangsposition zurück. Führen Sie hintereinander so viele Liegestütze aus wie Sie können. Sobald Sie pausieren müssen, ist der Test vorüber. Achten Sie darauf, dass Sie während der Ausführung den Körper gerade halten.

Anzahl der Liegestützen / männlich					
> 47	40–47	30–39	17–29	10–16	0–9
Handicap					
+5–0	1–9	10–18	19–28	29–39	40–54

Bilden Sie den Mittelwert Ihrer Ergebnisse aus dem

- Kniebeuge-Test und
- Liegestütz-Test

und tragen Sie Ihr Handicap „Maximalkraft" in Ihren persönlichen Golf-Kompass ein.

SCHNELLKRAFT

Die Schnellkraft ist die Fähigkeit des Nerv-Muskel-Systems, entweder den eigenen Körper, Teile des eigenen Körpers (Extremitäten) oder Gegenstände mit maximaler Geschwindigkeit zu bewegen.

Die Verbindung zum Golfsport liegt auf der Hand: Der Schläger soll mit möglichst maximaler Geschwindigkeit bewegt werden, um den Ball weit schlagen zu können. Eine ausgeprägte, sportartspezifische Schnellkraft, die den individuellen körperlichen Voraussetzungen entstammt und langfristig aufgebaut wurde, führt zu hohen Schlägerkopfgeschwindigkeiten.

Die durchschnittlichen Schlägerkopfgeschwindigkeiten von Spielern der PGA Tour und der LPGA Tour sind:

Schläger	Frauen	Männer
Driver	93 mph	113 mph
Holz 3	90 mph	107 mph
Eisen 5	79 mph	94 mph
Eisen 9	72 mph	85 mph

Eine hohe Schlägerkopfgeschwindigkeit resultiert nicht aus Einzelimpulsen. Der Schläger kann nicht auf eine maximale Geschwindigkeit beschleunigt werden, wenn zum Beispiel nur die Armkraft eingesetzt oder der Oberkörper möglichst schnell rotiert wird. Wir sprechen im Golfsport deshalb von einer Impulsübertragung oder dem „staircase effect". Der Rückschwung ist der erste ausschlaggebende Bewegungspart für eine schnellkräftige Schlagbewegung. Hier gilt es, den Körper mit möglichst viel Energie aufzuladen; Energie, die sich wellenartig, in den Unterschenkeln beginnend, über die Oberschenkelvorderseite, den Po, den Rumpf und den Schultergürtel über die Arme in den Schlägerkopf fortbewegt, um dort auf den Ball übertragen zu werden.

Wie ist es nun um Ihre Schnellkraft bestellt? Das können Sie in den folgenden Tests feststellen. Der Jump-and-Reach-Test und der Lateralsprung dienen zur Testung der Schnellkraft der unteren Extremitäten. Mit dem Medizinball-Seitwurf testen Sie die Schnellkraft der oberen Extremitäten.

DER JUMP-AND-REACH-TEST

Mit dem Jump-and-Reach-Test testen Sie Ihre vertikale Sprungkraft. Für viele Sportarten, auch für Golf, ist die vertikale Sprungkraft ein leistungslimitierender Faktor. Wie eng der Zusammenhang zwischen Sprunghöhe und Schlägerkopfgeschwindigkeit ist, sehen Sie aus der Gegenüberstellung der beiden Werte in der folgenden Tabelle.

Ergebnisse von Spielerinnen der AK 18 Mädchen-Mannschaft des Golfclub St. Leon-Rot		Ergebnisse von Spielern der AK 18 Jungen-Mannschaft des Golfclub St. Leon-Rot	
Sprunghöhe	Schlägerkopfgeschwindigkeit Driver	Sprunghöhe	Schlägerkopfgeschwindigkeit Driver
34 cm	78,7 mph	45 cm	99,5 mph
35 cm	82,0 mph	49 cm	100,6 mph
39 cm	83,6 mph	55 cm	101,6 mph
43 cm	86,9 mph	58 cm	105,6 mph
47 cm	89,1 mph	60 cm	107,1 mph
48 cm	88,0 mph	64 cm	107,4 mph
52 cm	91,8 mph	65 cm	108,5 mph
54 cm	91,2 mph	66 cm	108,0 mph
59 cm	93,2 mph	69 cm	114,4 mph

Testen Sie nun Ihre eigene Sprunghöhe.

Materialien: Sie benötigen ein Maßband zur Messung der Reich- und Sprunghöhe.

Ablauf: Stellen Sie sich seitlich an eine Wand, so dass Sie mit Ihrer Körperseite die Wand berühren. Ermitteln Sie Ihre normale Reichhöhe, indem Sie mit der Hand des der Wand zugewandten Arms die Wand so weit oben wie möglich berühren. Gehen Sie dabei aber nicht auf die Zehenspitzen, sondern achten Sie darauf, dass Ihre Füße komplett am Boden bleiben. Markieren oder merken Sie sich Ihre Reichhöhe. Vergrößern Sie nun den Abstand zur Wand ein wenig, um genügend Platz für den Sprung zu haben. Springen Sie so hoch wie Sie können. Sie dürfen dafür den maximal möglichen Einsatz von Beinen und Armen nutzen. Am höchsten Punkt markieren Sie erneut die Stelle an der Wand, bis zu der Ihre Hand gereicht hat. Die Differenz zwischen beiden Markierungen ist Ihre

Sprunghöhe. Machen Sie drei Versuche und nehmen Sie davon den Mittelwert für Ihr Sprunghöhen-Handicap.

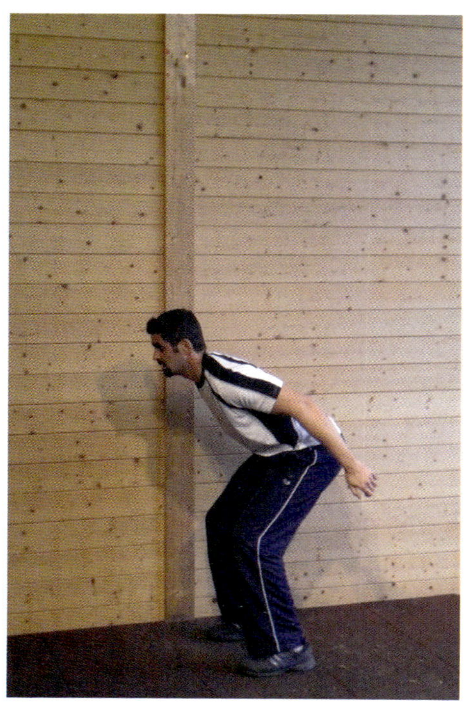

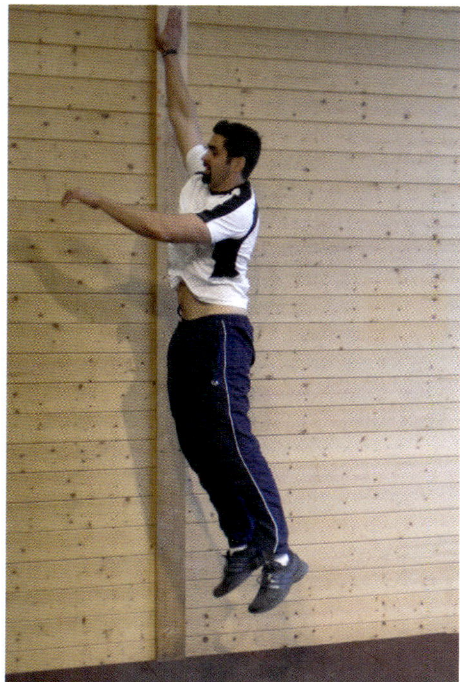

Sprunghöhen / weiblich					
> 60 cm	51–60 cm	41–50 cm	32–40 cm	25–31cm	20–24 cm
Handicap					
+5–0	1–9	10–18	19– 28	29–39	40–54

Sprunghöhen / männlich					
> 69 cm	65–69 cm	59–64 cm	53–58 cm	49–52 cm	40–48 cm
Handicap					
+5–0	1–9	10–18	19– 28	29–39	40–54

DER LATERALSPRUNG-TEST

Mit dem Lateralsprung-Test stellen Sie Ihre horizontale Sprungkraft innerhalb einer lateralen, also seitlichen Sprungbewegung fest. Die laterale schnellkräftige Bewegung ist für den Golfschwung sehr wichtig. Der Spieler speichert während des Rückschwungs kinetische Energie im System, die sich im Moment des Impact auf den Ball überträgt. Dieser Moment ist mit dem Zeitpunkt des lateralen Absprungs zu vergleichen.

Materialien: Sie benötigen ein Maßband zur Messung der Sprungweite.

Ablauf: Markieren Sie auf dem Boden Ihre Startposition. Nehmen Sie hierfür das Körperlot, also die gedachte Linie von Ihrem Kinn über den Bauchnabel zum Boden. Springen Sie nun unter maximalem Arm- und Beineinsatz so weit Sie können zur Seite. Sie sollten in der gleichen Körperposition landen, in der Sie gestartet sind. Markieren Sie erneut Ihr Körperlot vom Landepunkt. Die Differenz zwischen beiden Markierungen ist Ihre Sprungweite.

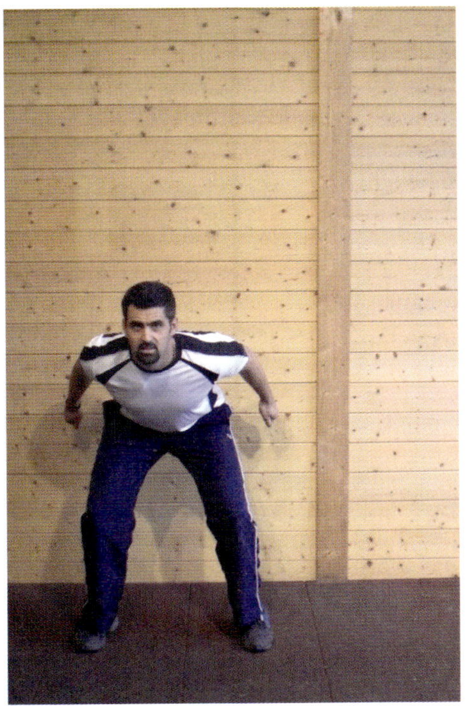

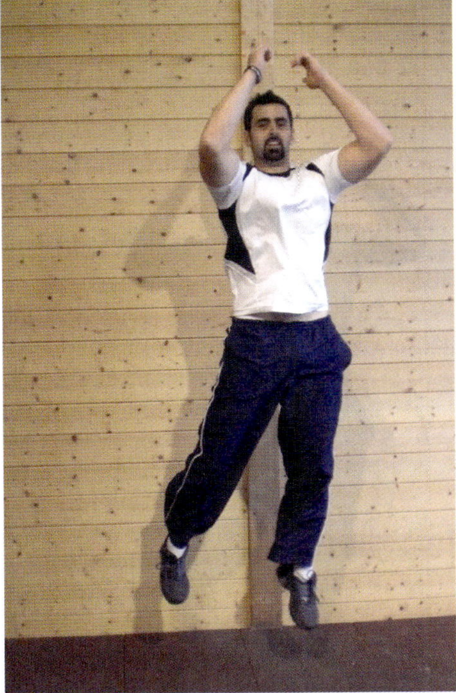

Machen Sie drei Versuche und nehmen Sie den Mittelwert zur Ermittlung Ihres Lateralsprung-Handicaps.

Laterale Sprungweiten / weiblich					
> 170 cm	161–170 cm	151–160 cm	141–150 cm	131–140 cm	90–130 cm
Handicap					
+5–0	1–9	10–18	19– 28	29–39	40–54

Laterale Sprungweiten / männlich					
> 220 cm	211–220 cm	201–210 cm	191–200 cm	181–190 cm	140–180 cm
Handicap					
+5–0	1–9	10–18	19– 28	29–39	40–54

DER MEDIZINBALL-SEITWURF-TEST

Mit dem Medizinball-Seitwurf testen Sie die Schnellkraft der sportartspezifischen Ganzkörperbewegung.

Materialien: Sie benötigen ein Maßband zur Messung der Wurfweite und einen 2 kg schweren Medizinball.

Ablauf: Stellen Sie sich in der Golf-Setup-Position mit dem Medizinball in den Händen an die Abwurfmarkierung. Als Rechtshänder positionieren Sie Ihren linken Fuß unmittelbar an der Markierung. Werfen Sie mit der gleichen Bewegung, mit der Sie einen Golfball schlagen würden, den Medizinball so weit Sie können. Der weiteste Wurf aus drei Versuchen zählt für Ihr Wurfweiten-Handicap.

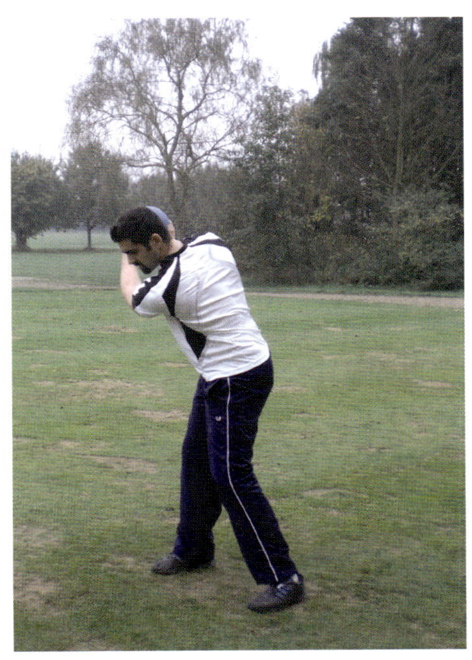

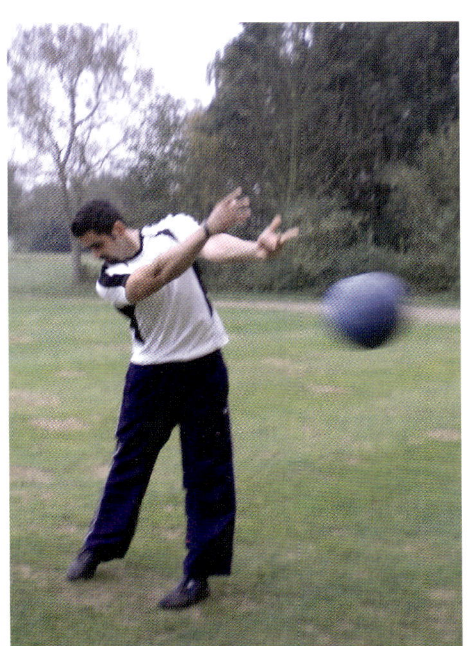

Wurfweiten / weiblich					
> 16 m	13–15 m	11–12 m	9–10 m	6–8 m	2–5 m
Handicap					
+5–0	1–9	10–18	19–28	29–39	40–54

Wurfweiten / männlich					
> 22 m	19–21 m	17–18 m	15–16 m	11–14 m	5–10 m
Handicap					
+5–0	1–9	10–18	19–28	29–39	40–54

Der Mittelwert Ihrer Ergebnisse aus dem

- Jump-and-Reach-Test
- Lateralsprung-Test
- Medizinball-Seitwurf-Test

ergibt Ihr Handicap für „Schnellkraft".

SCHNELLIGKEIT

Die Schnelligkeit ist die Fähigkeit des Nerv-Muskel-Systems, Bewegungen, auch gegen Widerstand, schnellstmöglich durchführen zu können.

Im Golfsport ist die Bewegungsschnelligkeit enorm wichtig, um den Ball möglichst weit schlagen zu können. Unsere These in diesem Zusammenhang lautet: Je schneller Sie sprinten können, desto weiter schlagen Sie den Golfball. Studien dazu sind noch in der Erhebungsphase.

DER 35-METER-SPRINT-TEST

Materialien: Sie benötigen eine Stoppuhr und eine 35 Meter lange Strecke mit ebenem Untergrund.

Ablauf: Stellen Sie sich in die Hochstartposition und sprinten sie über 35 Meter.

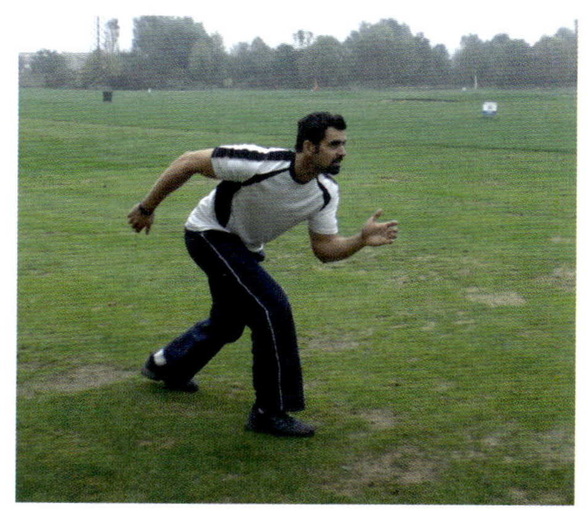

Sprintzeiten (Sekunden) / weiblich					
< 5.30	5.30–5.59	5.60–5.89	5.90–6.20	6.21–6.40	> 6.40
Handicap					
+5–0	1–9	10–18	19–28	29–39	40–54

Sprintzeiten (Sekunden) / männlich					
< 4.80	4.80–5.09	5.10–5.29	5.30–5.60	5.61–5.80	> 5.80
Handicap					
+5–0	1–9	10–18	19– 28	29–39	40–54

RUMPFKRAFT

Der Rumpf ist die Verbindungsstelle zwischen den Beinen, dem Ort der Krafteinleitung im Golfschwung, und den Armen, wo die Kraftausleitung über die Hände in den Schläger stattfindet. Wenn dieser Übergang, sprich die Rumpfmuskulatur, unzureichend ausgebildet ist, verlieren Sie hier bis zu 75 Prozent der aufgebauten Energie. Wie schon an anderer Stelle erwähnt, bauen Sie in den Beinen die „Power" für eine schnellkräftige Bewegung auf. Diese Power muss über den Schlägerkopf in den Ball übertragen werden. Sehr stark vereinfacht, aber in Anlehnung an unsere Teststruktur, durchfließt die Energie drei Körperpartien: die Beine, den Rumpf und die Arme. Der Rumpf besteht aus den aktiven und passiven Strukturen des Brustkorbs, des Bauchs, des Rückens und des Beckens. Gibt es innerhalb dieser Strukturen Schwachstellen, dann ist eine Übertragung der aufgebauten Energie in die Arme nur teilweise oder gar nicht möglich. Eine zu schwach ausgebildete Rumpfmuskulatur erhöht zudem die Verletzungsanfälligkeit der Wirbelsäule, da diese dann nicht ausreichend gesichert ist.

Zum Testen Ihrer Rumpfkraft machen Sie den Ein-Minuten-Crunch-Test und den Seitstütz-Test.

DER EIN-MINUTEN-CRUNCH-TEST

Wichtig zu wissen: Crunch ist nicht gleich Sit-up! Auf dem Foto unten sehen Sie einen Sit-up; auf der nächsten Seite ist das Foto von einen Crunch. Der Crunch ist die wesentlich bessere Alternative zu den herkömmlichen Sit-ups, weil er schonender für die Wirbelsäule ist. Nachteil der Sit-up-Bewegung ist auch, dass sie anteilig sehr stark auf den Musculus psoas major (großer Lendenmuskel) geht, den stärksten Hüftbeuger des Menschen. Diesen Muskel wollen wir bei dieser Übung möglichst ausklammern, da wir an der Kraftfähigkeit des Bauchs interessiert sind.

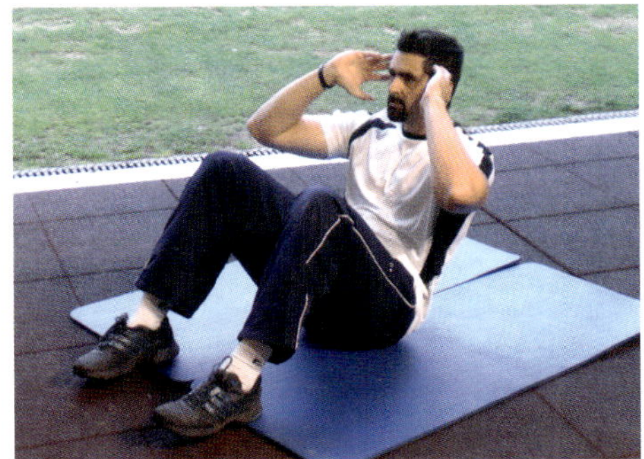

Materialien: Für diesen Test benötigen sie eine Stoppuhr.

Ablauf: Legen Sie sich in der Rückenlage auf den Boden. Beugen Sie Ihre Beine zu einem rechten Winkel und stellen Sie Ihre Fersen auf den Boden. Die Füße sind leicht angespannt. Kreuzen Sie nun Ihre Arme vor der Brust. Beim Start der Bewegung ist Ihr Oberkörper so weit angehoben, dass die Schulterblätter den Boden verlassen haben. Beim Hochgehen atmen Sie aus. Beim wieder Absenken in die Startposition atmen Sie ein. Halten Sie Ihren Kopf bei der Ausführung der Crunches neutral und schauen Sie kontinuierlich nach oben.

Die Anzahl der Crunches, die Sie in einer Minute ausführen können, gibt Ihr Handicap für diesen Bereich an. Bei Muskelversagen vor Ablauf der Zeit ruhen Sie sich einen Moment aus und fahren dann fort.

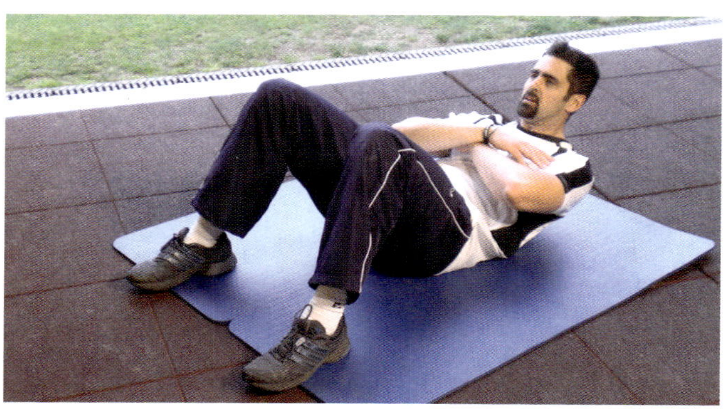

Anzahl der Crunches in einer Minute / weiblich					
> 37	**31–37**	**24–30**	**13–23**	**7–12**	**0–6**
Handicap					
+5–0	**1–9**	**10–18**	**19–28**	**29–39**	**40–54**

Anzahl der Crunches in einer Minute / männlich					
> 47	**40–47**	**30–39**	**17–29**	**10–16**	**0–9**
Handicap					
+5–0	**1–9**	**10–18**	**19–28**	**29–39**	**40–54**

DER SEITSTÜTZ-TEST

Mit dem Seitstütz-Test wird der komplette Halteapparat des Rumpfs getestet, und hier primär der Musculus transversus abdominis, der querverlaufende Bauchmuskel. Warum brauchen wir diesen Test für den Golfsport? Um den jeweiligen Arbeitsweisen der Muskulatur gerecht zu werden. Wir unterscheiden drei Arbeitsweisen der Muskulatur: die konzentrische oder positiv dynamische, die exzentrische oder negativ dynamische und die isometrische oder statische.

Materialien: Für diesen Test benötigen Sie eine Stoppuhr.

Ablauf: Legen Sie sich auf Ihre rechte Seite und gehen Sie in die Seitstützposition. Der Unterarm des rechten Arms befindet sich am Boden und der rechte Ellbogen ist unmittelbar unter der rechten Schulter. Die Beine sind gestreckt. Das Becken ist so weit angehoben, dass eine durchgehend gerade Linie vom Kopf bis zu den Füßen entsteht. Den linken Arm legen Sie in die Hüfte. Halten Sie nun diese Position so lange Sie können. Der Test ist beendet, wenn Sie diese Position nicht mehr aufrecht erhalten können. Nach einer Pause von drei Minuten testen Sie die andere Seite.

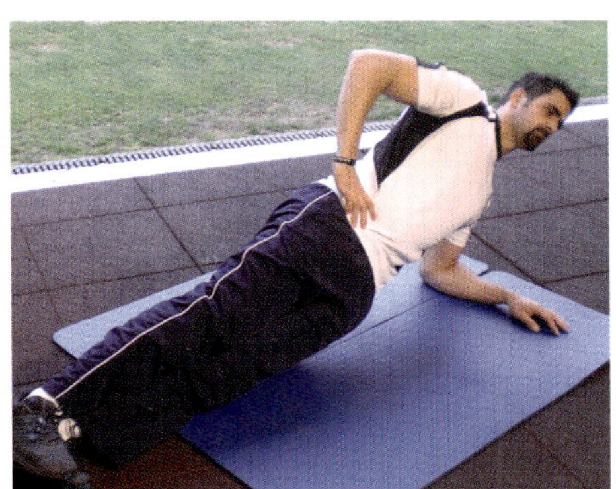

Dauer der Seitstützen in Sekunden					
> 90	75–90	60–74	45–59	38–44	0–37
Handicap					
+5–0	1–9	10–18	19–28	29–39	40–54

Der Mittelwert Ihrer Ergebnisse aus dem

- Ein-Minuten-Crunch-Test und
- Seitstütz-Test

ergibt das Handicap „Rumpfkraft" für Ihren Golf-Kompass.

KÖRPERSTATIK

Unter Körperstatik verstehen wir die allgemeine Situation des passiven Bewegungsapparats, also der Sehnen, Bänder, Gelenke und Knochen. Die Körperstatik ist ein enormer leistungslimitierender Faktor für alle Sportarten. Egal, ob akute oder chronische Leiden vorliegen, beide Auffälligkeiten begrenzen die sportliche Leistungsfähigkeit.

DER KÖRPERSTATIK-TEST

Für eine sorgfältige Untersuchung Ihrer Körperstatik konsultieren Sie einen Orthopäden.

Die allgemeinen Inhalte der Untersuchung sind:

- Anamnese über :
  - momentane Beschwerden und ihre Entwicklung
  - Zustand der verschiedenen Organsysteme
  - allgemeine Daten
  - wichtige Erkrankungen in der Familie (Familienanamnese)
  - beruflicher und sozialer Hintergrund (Sozialanamnese)
- Die äußere Betrachtung der Wirbelsäule; haben Sie eine anatomisch normale Haltung und Stellung
- Eine neurologische Untersuchung
- Untersuchung des Gang- und Standbilds
- Reflextests

Einschränkungen des Bewegungsapparats					
keine	keine	geringe	mäßige	merkliche	enorme
Handicap					
+5–0	1–9	10–18	19–28	29–39	40–54

AUSDAUER

Ausdauer ist die psycho-physische Ermüdungswiderstandsfähigkeit des Menschen. Der psychische Teil bezieht sich auf die Fähigkeit des Sportlers, dem Wunsch nach Abbruch einer Belastung möglichst lange widerstehen zu können. Die physische Ausdauer ist die Ermüdungswiderstandsfähigkeit des gesamten Organismus.

Golfer mit guter Ausdauerfähigkeit, genauer mit einer guten Grundlagenausdauer, sind fähig, über einen längeren Zeitraum ein erreichtes Niveau zu halten. Bei einer Golfrunde, die in der Regel vier bis fünf Stunden und bei Turnieren manchmal sogar noch länger dauert, ist es wichtig, über die gesamte Zeit konzentriert und leistungsfähig zu bleiben und auch an Loch 18 noch sein bestes Golf zu spielen.

Außerdem ist eine gute Ausdauerfähigkeit sehr wichtig, um länger qualitativ hochwertig trainieren zu können und langfristig Verletzungen aus dem Weg zu gehen. Schon allein die Tatsache, dass erst eine gut ausgeprägte Grundlagenausdauer ein qualitativ hochwertiges Training gewährleistet, gibt dem Ausdauertraining für den Golfsport einen hohen Stellenwert. Wie an anderer Stelle in diesem Buch schon ausgeführt, ist der oberste Grundsatz im Golf-Training, Qualität bei der Übungsauswahl, bei der technischen Übungsdurchführung und bei den kognitiven Prozessen vor quantitative Abläufe zu stellen. Länger andauerndes, monotones „Bälleschlagen" (Quantität) hat seine Berechtigung, muss aber immer unter Zielbezug und klar vordefinierten Aufgaben (Qualität) geschehen.

Zur Messung Ihrer Ausdauerfähigkeit dienen der Step-Test und der Cooper-Test.

DER STEP-TEST

Materialien: Sie benötigen eine Stoppuhr und eine Erhöhung von 30 Zentimeter. Sie können zum Beispiel zwei Treppenstufen nehmen; die gängige Höhe einer Treppenstufe ist zwischen 15 und 19 Zentimeter.

Ablauf: Messen Sie Ihren Ruhepuls und notieren Sie den Wert. Steigen Sie nun innerhalb einer Minute so oft Sie können auf die Erhöhung und wieder herunter. Steigen Sie zuerst mit einem Fuß auf die Stufe und dann mit dem anderen; beim Heruntergehen machen Sie es auf dieselbe Art und Weise. Zwei Minuten nach Beendigung des Tests messen Sie Ihren Erholungspuls. Als Testwert nehmen Sie die Differenz aus Erholungspuls und Ruhepuls.

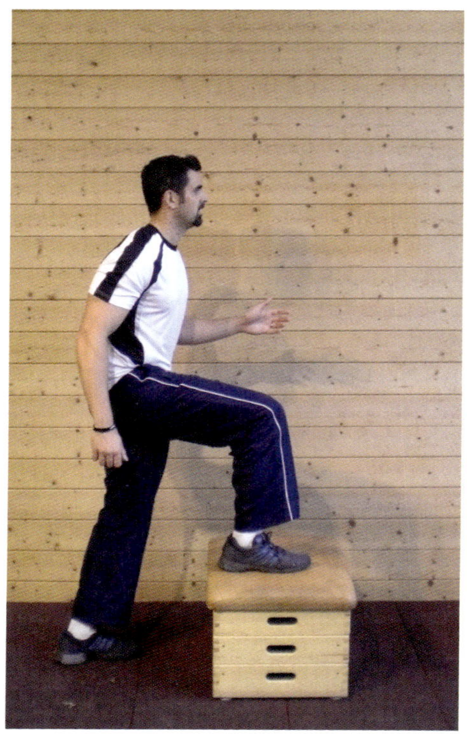

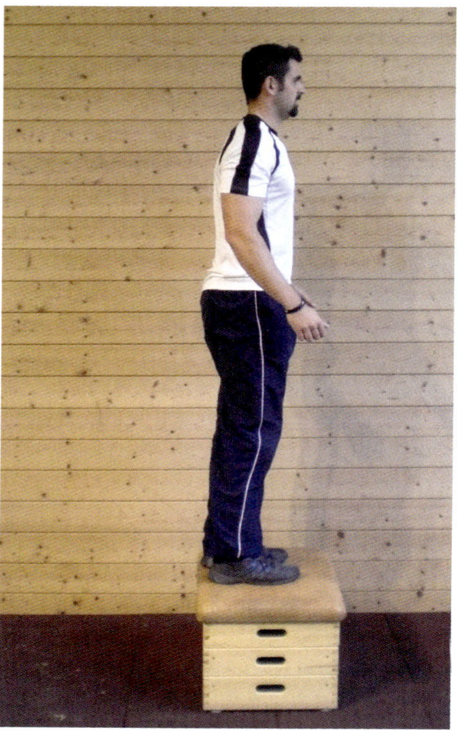

Differenz der Herzfrequenzen / weiblich					
< −1	**3 bis 0**	**24 bis 7**	**45 bis 28**	**59 bis 51**	**60**
Handicap					
+5–0	**1–9**	**10–18**	**19–28**	**29–39**	**40–54**

Differenz der Herzfrequenzen / männlich					
< −13	**−4 bis −12**	**5 bis −2**	**14 bis 5**	**32 bis 15**	**45 bis 34**
Handicap					
+5–0	**1–9**	**10–18**	**19– 28**	**29–39**	**40–54**

DER COOPER-TEST

Der Cooper-Test ist ein anerkannter Test zur Erhebung der allgemeinen Grundlagenausdauer. Er geht über zwölf Minuten und wird vorzugsweise auf einer Stadionbahn ausgeführt.

Materialien: Sie benötigen eine Stoppuhr.

Ablauf: Stellen Sie sich auf der Laufbahn im Stadion an die Startlinie. Legen Sie innerhalb von zwölf Minuten soviel Meter zurück wie Sie können. Nach Ablauf der zwölf Minuten bleiben Sie stehen und addieren Ihre Runden; eine Stadionrunde beträgt 400 Meter. Auf diese Weise erhalten Sie die in den zwölf Minuten zurückgelegte Strecke.

Laufstrecke in zwölf Minuten / weiblich					
> 2700 m	> 2400 m	> 2100 m	>1700 m	> 1500 m	< 1500 m
Handicap					
+5–0	1–9	10–18	19–28	29–39	40–54

Laufstrecke in zwölf Minuten / männlich					
> 2800 m	> 2500 m	> 2200 m	> 1800 m	>1600 m	< 1600 m
Handicap					
+5–0	1–9	10–18	19–28	29–39	40–54

Der Mittelwert Ihrer Ergebnisse aus dem

- Step-Test und
- Cooper-Test

ergibt Ihr Handicap „Ausdauer" für Ihren Golf-Kompass.

BEWEGLICHKEIT

Flexibilität ist die Fähigkeit, Bewegungen mit größtmöglicher Schwingungsweite ausführen zu können. Die Beweglichkeit ist im Sport allgemein, speziell aber im Golf ein leistungsbestimmender Faktor. Für das Erlernen, Trainieren und Ausführen von Schwung- und Schlagtechniken im Golf ist sie zwingend erforderlich. Der Golfer muss flexibel genug sein, um eine große Ausholbewegung machen zu können. Ohne diese Flexibilität ist entweder die Ausholbewegung zu kurz, so dass keine optimale Beschleunigung stattfinden kann; oder die Golfhaltung wird beim Ausholen verändert, um trotz geringer Beweglichkeit einen großen Schwungradius zu bekommen, was dann aber zu einem unpräzisen Treffen führt. Um beides zu erreichen – optimale Beschleunigung und Treffgenauigkeit – ist es deshalb wichtig, sich weit aufdrehen zu können. Eine gut ausgebildete Flexibilität bringt eine Optimierung der Bewegungsausführung und der technischen Leistungsfähigkeit mit sich, sie dient der Verletzungsprophylaxe, hilft muskuläre Dysbalancen zu vermeiden und verbessert die Regeneration.

Unsere Testbatterie in diesem Bereich umfasst den Sit-and-Reach-Test, den Torso-Rotation-Test und den Schulter-Test.

DER SIT-AND-REACH-TEST

Dieser Test zielt auf die Beweglichkeit der unteren Rückenmuskulatur und der Beinbeuger. Beides sind für den Sport extrem wichtige Muskelgruppen, die allerdings durch die weit verbreiteten sitzenden Tätigkeiten im Arbeitsalltag zu enormen Verkürzungen tendieren.

Materialien: Sie benötigen für den Test ein Lineal. Ihre Füße müssen mit der Sohle an einem niedrigen Tisch oder einer Treppenstufe positioniert sein.

Ablauf: Setzen Sie sich mit ausgestreckten, geschlossenen Beinen auf den Boden. Ihre Fußsohlen befinden sich an dem niedrigen Tisch beziehungsweise der Treppenstufe. Versuchen Sie nun so weit wie möglich mit Ihren Händen zu Ihren Fußspitzen oder sogar darüber hinaus zu kommen. Lassen Sie dabei die Beine gestreckt. Messen Sie die Entfernung ihrer Fingerspitzen von den Fußspitzen. Kommen Sie mit Ihren Fingern nicht

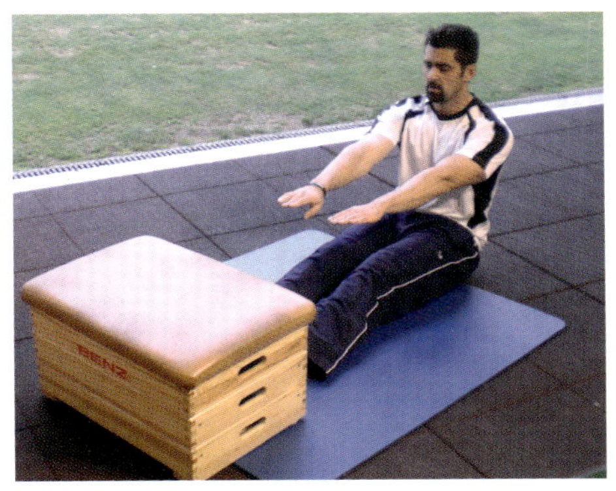

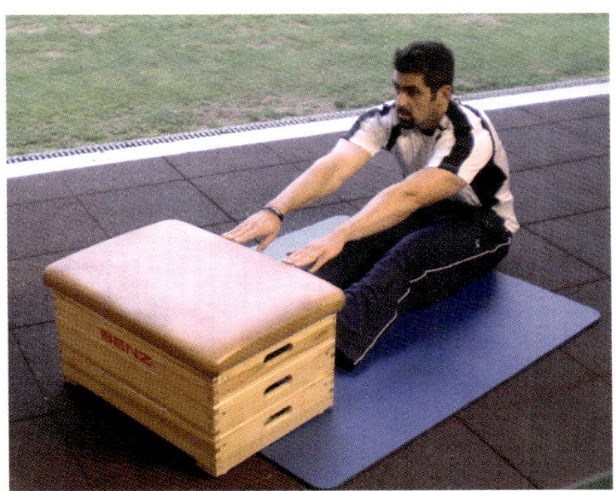

Entfernung Fingerspitzen zu Fußspitzen / weiblich					
> +30 cm	+21 bis +30 cm	+11 bis +20 cm	+1 bis +10 cm	–7 bis 0 cm	–15 bis –8 cm
Handicap					
+5–0	1–9	10–18	19– 28	29–39	40–54

Entfernung Fingerspitzen zu Fußspitzen / männlich					
> +27 cm	+17 bis +27 cm	+6 bis +16 cm	0 bis +5 cm	–8 bis –1 cm	–20 bis –9 cm
Handicap					
+5–0	1–9	10–18	19– 28	29–39	40–54

bis zu den Fußspitzen, haben Sie ein Minus-Zeichen vor dem Wert. Kommen Sie sogar weiter als bis zu Ihren Fußspitzen, dann haben Sie ein Plus-Zeichen.

DER TORSO-ROTATION-TEST

Die Rotationsfähigkeit der Brustwirbelsäule ist ein weiterer limitierender Faktor im Golfschwung. Sie benötigen eine gute Rotationsfähigkeit, um genügend X-Faktor am oberen Totpunkt, dem Zeitpunkt der Umkehr vom Rückschwung zum Abschwung zu erzeugen. Der X-Faktor beschreibt das Verhältnis von Schulterrotation (gleichzusetzen in diesem Kontext mit der Brustwirbelsäulenrotation) zur Hüftrotation. Die Schulterrotation sollte bei 90 Grad liegen, die Hüftrotation dagegen bei etwa 30 Grad.

Materialen: Sie benötigen für den Test ein Lineal.

Ablauf: Markieren Sie an der Wand einen Punkt in Brusthöhe und Brustmitte. Stellen Sie sich nun eine Armlänge entfernt mit dem Rücken zur Wand in die Ausgangsposition. Beugen Sie leicht Ihre Knie und strecken Sie Ihre Arme parallel zum Boden nach vorne aus. Nun drehen Sie sich mit dem gesamten Oberkörper nach rechts und berühren mit den Fingerspitzen die Wand. Die Hüfte und die Knie dürfen der Bewegung folgen, nicht aber die Füße. Lassen Sie die Füße komplett auf dem Boden stehen. Messen Sie die Entfernung Ihrer rechten Hand zur Markierung. Dann wiederholen Sie den gleichen Ablauf auf der linken Seite.

Als Ergebnis nehmen Sie den Durchschnitt von beiden Messungen.

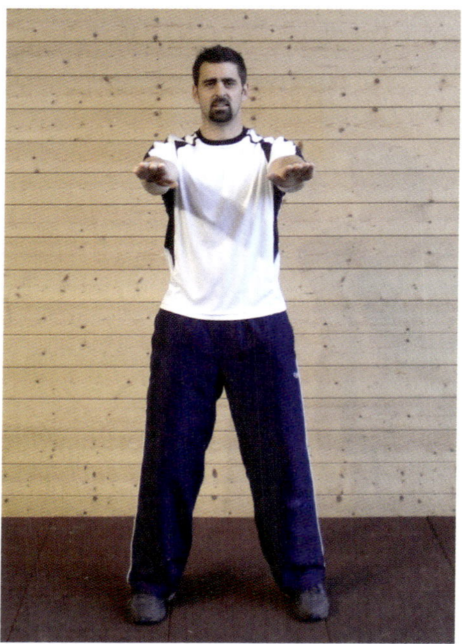

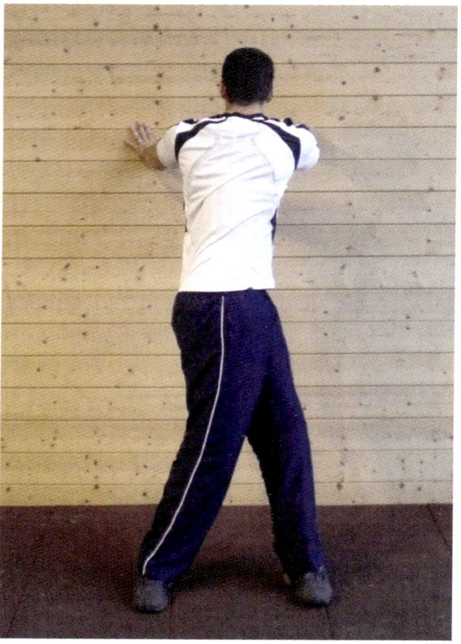

Torso-Rotation					
20 cm	**15 cm**	**10 cm**	**5 cm**	**0 cm**	**–5 cm**
Handicap					
+5–0	**1–9**	**10–18**	**19–28**	**29–39**	**40–54**

DER SCHULTER-TEST

Die relevanten Strukturen bei sportlichen Bewegungen verfolgen ein sich wiederholendes Muster: mobile und stabile Strukturen wechseln sich ab. Im Bereich der oberen Extremitäten bedeutet das für den Golfschwung ein mobiles Handgelenk, ein stabiles Ellbogengelenk und ein mobiles Schultergelenk. Dieses Schema setzt sich bis zu den Sprunggelenken fort. Der Schulter-Test befasst sich mit der Mobilität des Schultergelenks.

Materialien: Sie benötigen für den Test ein Lineal.

Ablauf: Stellen Sie sich aufrecht hin. Strecken Sie den rechten Arm senkrecht aus. Beugen Sie nun den Arm im Ellbogengelenk, so dass der Unterarm hinter Ihren Kopf kommt. Ihre Hand sollte sich nun etwa auf Höhe der Schulterblätter befinden. Beugen Sie nun den linken Arm und versuchen Sie hinter dem Rücken die Hände anzunähern. Sie haben ein Plus-Ergebnis, wenn sich Ihre Hände berühren oder sogar überlappen, und ein Minus-Ergebnis, wenn sich die Hände nicht berühren.

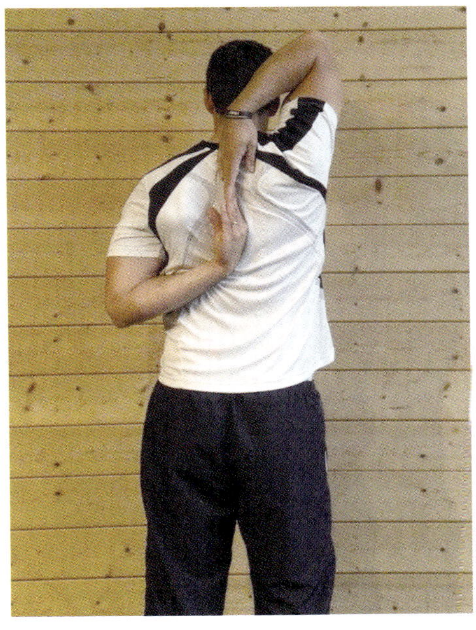

Machen Sie den Test beidseitig und nehmen Sie den Mittelwert von beiden Messungen.

Schulter-Test					
+8 cm	**+5 bis +7 cm**	**0 bis +4 cm**	**–5 bis –1 cm**	**–10 bis –6 cm**	**< –10 cm**
Handicap					
+5–0	**1–9**	**10–18**	**19–28**	**29–39**	**40–54**

Bilden Sie den Mittelwert aus den Ergebnissen des Sit-and-Reach-Tests, des Torso-Rotation-Tests und des Schulter-Tests für Ihr Handicap „Beweglichkeit".

KOORDINATION

Koordination ist der Begriff für das Zusammenwirken des Zentralnervensystems und der Skelettmuskulatur innerhalb eines gezielten Bewegungsablaufs. Da man es im Golfsport mit einem sehr komplexen Bewegungsablauf zu tun hat, wird der Entwicklung der koordinativen Fähigkeit der Sportler besondere Aufmerksamkeit zuteil.

Ihre Koordinationsfähigkeit können Sie mit dem Wandwurf-Test prüfen.

Golfer benötigen eine gut ausgeprägte Hand-Auge-Koordination. Mit dem Wandwurf-Test stellen Sie zum einen Ihre Gleichgewichtsfähigkeit fest und zum anderen testen Sie genau diese spezielle Hand-Auge-Koordinationsfähigkeit, gekoppelt an den Aspekt des Zeitdrucks und des Präzisionsdrucks. Besonders der Präzisionsdruck ist natürlich in Bezug auf den Golfsport immens wichtig.

DER WANDWURF-TEST

Materialien: Sie benötigen für den Test einen Tennisball und eine Stoppuhr.

Ablauf: Markieren Sie an der Wand eine Stelle in Brusthöhe. Stellen Sie sich in drei Meter Entfernung frontal zur Wand, mit dem Tennisball in einer Hand. Werfen Sie nun innerhalb von 30 Sekunden so oft Sie können den Tennisball an die Wandmarkierung. Machen Sie einen Unterhandwurf. Starten Sie mit der rechten Hand und fangen Sie den Ball mit der linken Hand auf. Dann werfen Sie mit der linken und fangen den Ball mit der rechten Hand. Diesen Ablauf wiederholen Sie, bis die Zeit von 30 Sekunden abgelaufen ist. Lassen Sie den Ball fallen, ist dies kein Abbruchgrund. Nehmen Sie den Ball erneut in die Hand und werfen Sie weiter. Als Ergebnis nehmen Sie die innerhalb von 30 Sekunden tatsächlich gefangenen Bälle.

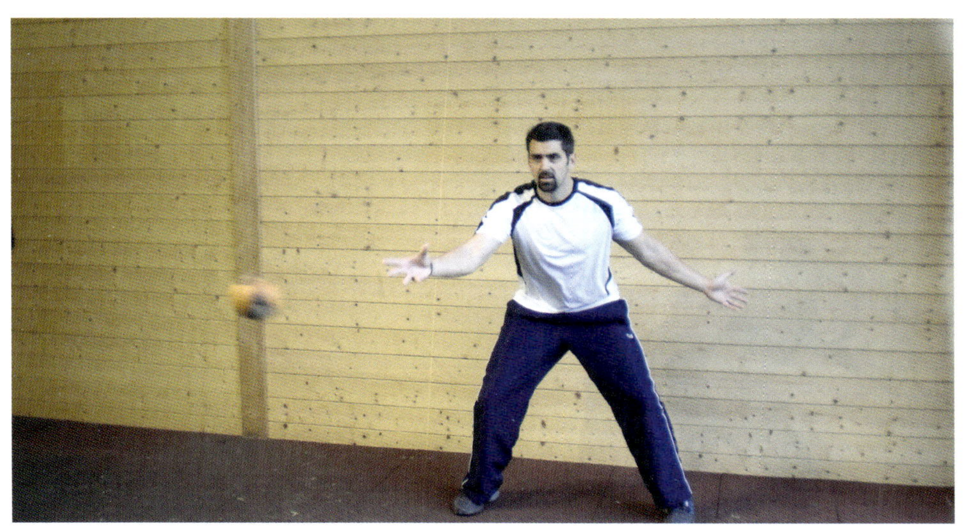

Anzahl der Ballfänge					
> 35	30–35	20–29	15–19	10–14	0–9
Handicap					
+5–0	1–9	10–18	19–28	29–39	40–54

ERNÄHRUNG

Wie beeinflusst die Ernährung unsere Leistungsfähigkeit im Sport? Längerfristige Effekte sind wohl hauptsächlich die positiven Auswirkungen auf unser Immunsystem, auf unsere Muskelkraft und unsere Ausdauer. Kurzfristig gesehen beeinflusst eine optimale Form der Ernährung die Konzentrationsfähigkeit, den allgemeinen Gemütszustand und den Energiehaushalt unseres Körpers. Wenn wir von optimaler Ernährung im Leistungssport sprechen, dann geht es nicht nur darum, was man unmittelbar vor, während und nach einem Wettkampf zu sich nimmt, sondern es spielt auch eine große Rolle, wie man sich im zeitlichen Vorfeld eines Wettkampfs ernährt. Was ich montags esse, beeinflusst die Runde am darauffolgenden Turniersonntag!

DER ERNÄHRUNGS-TEST

Bearbeiten Sie das folgende Ernährungsprotokoll und bestimmen Sie dadurch Ihr Ernährungs-Handicap. Der Begriff öfters trifft zu, wenn es etwa jeden zweiten bis dritten Tag vorkommt.

	ja	nein
Frühstücken Sie täglich?	2	0
Ist das Frühstück Ihre größte Mahlzeit des Tages?	2	0
Essen Sie Ihre Hauptmahlzeit oft am Abend?	–3	0
Summe:		

Essen Sie täglich mindestens fünf Portionen (eine Portion = eine Hand voll) verschiedenes Obst und Gemüse?	5	0
Essen Sie täglich neun und mehr Portionen verschiedenes Obst und Gemüse?	8	0
Essen Sie wenigstens drei Portionen Obst und Gemüse täglich?	3	0
Essen Sie wenigstens zwei Portionen Obst und Gemüse täglich?	2	0

	ja	nein
Essen Sie öfters weniger als zwei Portionen Obst und Gemüse täglich?	–8	0
Ist dieses Obst und Gemüse von guter Qualität (vollreif geerntet und hatte es kurze Transportwege)?	4	–3
Essen Sie täglich Rohkostgemüse (Salate)?	6	–6
Essen Sie öfters Krautgewächse?	4	0
Essen Sie Trockenobst als Zwischenmahlzeiten?	4	0
Essen Sie öfters Sprossen und frische Kräuter?	6	–3
Essen Sie mindestens dreimal in der Woche Hülsenfrüchte (Bohnen, Linsen, Erbsen, Sojabohnen-Produkte)?	6	–4
Essen Sie öfters Zwiebel, Knoblauch?	6	–2
Essen Sie öfters Broccoli, Kohl- oder Lauchgewächse?	6	0
Essen Sie öfters vollreife Tomaten?	5	0
Essen Sie öfters Kürbis oder Karotten?	4	0
Summe:		

	ja	nein
Essen Sie öfters Beeren?	5	0
Essen Sie öfters enzymreiches Obst wie Papaya oder Ananas?	6	0
Essen Sie öfters Zitrusfrüchte?	3	0
Essen Sie öfters Melonen?	3	0
Summe:		

	ja	nein
Essen Sie öfters Vollkornbrote?	6	–4
Essen Sie täglich unerhitzte Kornprodukte (Müsli aus dem vollen Korn, zum Beispiel Hafer)?	8	–4
Essen Sie öfters Pasta (Nudelprodukte)?	4	0
Essen Sie täglich Nüsse?	4	0
Summe:		

	ja	nein
Essen Sie öfters Sauermilchprodukte (Natur-Joghurt etc.)?	6	0
Verwenden Sie überwiegend fettreduzierte Milchprodukte?	6	–4
Essen Sie täglich Fleisch?	–3	0
Essen Sie nur drei- bis viermal Fleisch pro Woche?	3	0
Essen Sie nicht mehr als 150 g Fleisch täglich?	3	0
Essen Sie eher mageres Fleisch (Pute, Hähnchen ohne Haut, Steak)?	4	–8
Essen Sie öfters dunkles und mit Fett durchsetztes Fleisch?	–8	0
Essen Sie öfters Wurstaufschnitt und Streichwurst?	–8	0
Essen Sie mindestens zweimal pro Woche Tiefseefisch?	6	–3
Summe:		

Essen Sie öfters Käse?	–1	0
Eher Magerstufen (Frischkäse)	3	0
Eher höhere Fettstufen (Streich- und Hartkäse)	0	–6
Essen Sie mehr als drei Eier in der Woche?	–6	0
Essen Sie mehr als 50 g Gebäck täglich (mehr als fünf Kekse, mehr als ein halbes Stück Kuchen, etc.)?	–4	0
Essen Sie öfters Torten und ähnliche Konditorwaren?	–6	0
Essen Sie öfters Schokoladenprodukte?	–6	0
Hat Ihre Schokolade öfters einen Kakaoanteil (Bitterschokolade) von mindestens 70 Prozent?	3	0
Verwenden Sie öfters Butter?	–6	0
Verwenden Sie öfters Margarine?	–2	0
Verwenden Sie Erdnussbutter oder andere ähnliche Streichfette?	4	0
Verwenden Sie öfters kaltgepresstes Ölivenöl?	4	–2
Summe:		

Essen Sie öfters Instantsuppen oder andere Instantprodukte?	–6	0
Essen Sie öfters Fertiggerichte oder Schnellgerichte (Pizza, Burger, fertige Komplettmahlzeiten)?	–8	0
Süßen Sie Ihre Getränke mit Zucker?	–6	0
Summe:		

	ja	nein
Trinken Sie täglich mehr als zwei Tassen Kaffee?	–4	0
Trinken Sie täglich Grünen Tee oder Kräutertees?	6	0
Trinken Sie öfters Limonaden?	–4	0
Trinken Sie täglich mehr als ein bis zwei Glas Rotwein oder mehr als einen halben Liter Bier?	–6	0
Trinken Sie täglich Mineralwasser, Stilles Wasser oder Schorlen?	4	–4
Trinken Sie davon mehr als ein Liter?	4	–3
... mehr als 1,5 Liter?	4	–2
... mehr als zwei Liter?	8	0

Summe:

Addieren Sie Ihre Punkte und leiten Sie daraus Ihr Ernährungs-Handicap ab.

Punkte für die Ernährung					
> 160	**140–160**	**115–139**	**95–114**	**80–94**	**< 80**
Handicap					
+5–0	**1–9**	**10–18**	**19– 28**	**29–39**	**40–54**

DIE AUSRÜSTUNG

DIE AUSRÜSTUNG

Sie können der fitteste Mensch der Welt und geistig im Bereich eines Plus-Handicap-Spielers sein: Wenn Ihre Ausrüstung nicht zu Ihnen passt, werden Sie nie Ihren Golfhorizont erreichen. Sie werden nie wissen, was eigentlich in Ihnen steckt und wie viel Freude Sie am Golfspiel haben könnten. Mit einer unpassenden Ausrüstung werden Sie einen Schwung entwickeln, der nicht zu Ihrem Körper passt, und Schlaglängen erreichen, die unter Ihren Möglichkeiten liegen.

Speziell bei Kindern und Jugendlichen ist es aus gesundheitlichen Gründen wichtig, passende Golfschläger zu wählen, da die Gelenke noch nicht voll verknöchert sind und sich der Körper noch in der Entwicklung befindet. Durch den Einsatz von falschem Material kann es zu körperlichen Deformationen kommen. Und auch der Golfschwung der jungen Menschen wird negativ beeinflusst, was die golferische Entwicklung deutlich verlangsamt.

Das Golfspiel ist schon schwer genug, machen Sie es sich nicht noch schwerer, indem Sie eine unpassende Ausrüstung kaufen!

Im Kapitel „Ausrüstung" gibt es keine Tests. Wenn Sie feststellen, dass Ihre Schläger nicht zu Ihnen passen, sollten Sie zu einem erfahrenen Clubfitter gehen und sich beraten lassen. Ich erkläre Ihnen auf den folgenden Seiten, welche relevanten Bereiche es gibt, was passiert, wenn sie nicht zu Ihnen passen, und wie Sie selbst herausfinden können, ob Ihre Ausrüstung passend ist.

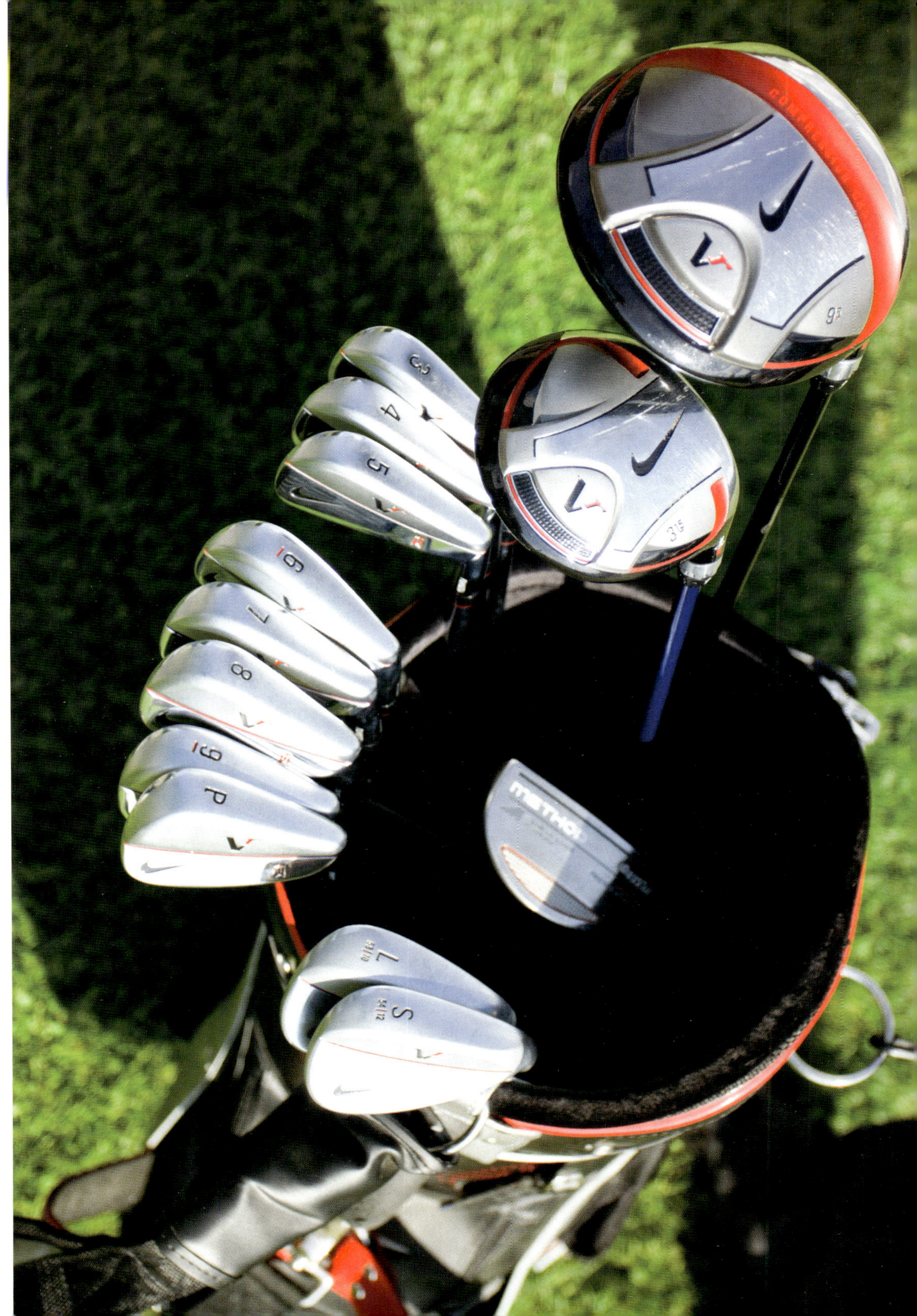

DER LOFT

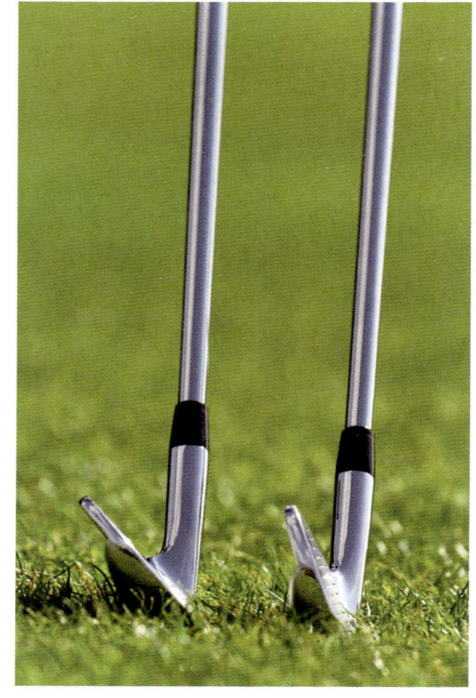

Definition: Der Loft eines Schlägers wird in Grad gemessen und beschreibt den Winkel der Schlagfläche zur Senkrechten. Ein Lobwedge hat meist 60 Grad und ein Putter etwa 4 Grad. Alle anderen Schläger haben einen Loft dazwischen.

Bei folgenden Schlägern ist es elementar: Putter und Driver.

Auswirkung: Der Loft beim Putter ist ausschlaggebend, ob der Ball auf dem Grün sofort rollt oder erst fliegt und springt. Der direkte Roll ist das Ziel eines guten Putts, um den Ball optimal auf die Spur zu bringen.

Der Loft eines Drivers ist entscheidend für den Abflugwinkel und Backspin Ihres Balls sowie den Roll nach dem Landen und dadurch für die Gesamtlänge. Wenn Sie einen Schläger mit zu wenig Loft benutzen, stürzt Ihr Ball früh ab und Sie erreichen nicht Ihre maximale Sch.aglänge. Wenn der Loft zu hoch ist, fliegt Ihr Ball weit und hoch, hat aber nach dem Lan:den wenig Roll. Um das Optimum für Sie zu finden, orientiert sich ein Clubfitter an folgender Tabelle.

Schlägerkopf-geschwindigkeit	60 mph	70 mph	80 mph	90 mph	100 mph	110 mph	120 mph
Driverloft	17 Grad	15 Grad	13 Grad	11 Grad	9 Grad	8 Grad	7 Grad
Carrylänge	108 m	140 m	167 m	189 m	212 m	231 m	251 m
Gesamtlänge	120 m	153 m	183 m	208 m	234 m	256 m	279 m

Selbst testen: Leihen Sie sich aus dem Proshop mindestens drei Driver mit jeweils einem Grad Loftunterschied (zum Beispiel 9, 10 und 11 Grad Loft) und nehmen Sie sie mit auf den Golfplatz. Schlagen Sie an jedem Abschlag mit jedem Schläger drei Drives mit unterschiedlich markierten Bällen. Beim Einsammeln werden Sie feststellen, welcher Schläger Ihnen die beste Weite bringt. Wenn Sie Ihren Loft herausgefunden haben, gehen Sie in den Proshop und leihen Sie sich drei Driver mit Ihrem optimalen Loft aber unterschiedlichen Schäften aus und finden Sie dann heraus, welcher Schaft am besten zu Ihrem Schwung passt (näheres dazu im Abschnitt „Der Schaft").

Der optimale Loft: Wenn Sie genau wissen wollen, welcher Schlägerloft optimal zu Ihnen passt, dann sollten Sie ein Driverfitting an einem Radargerät mit einem ausgebildeten Golfprofessional machen. Er misst Ihre Schlägerkopfgeschwindigkeit und seine Erfahrung sagt ihm, bei welchem Loft er im Test anfangen muss. Neben der Geschwindigkeit spielt auch der Winkel, in dem Ihr Schläger den Ball trifft (Eintreffwinkel), eine große Rolle. Kommen Sie mit Ihrem Schläger steil von oben in den Ball, reduzieren Sie vermutlich Ihren Loft und der Ball startet flach. Das Gegenteil passiert, wenn Ihr Eintreffwinkel sehr flach ist. Um das feststellen zu können, sollte der Professional ein Videosystem nutzen.

DER LIE

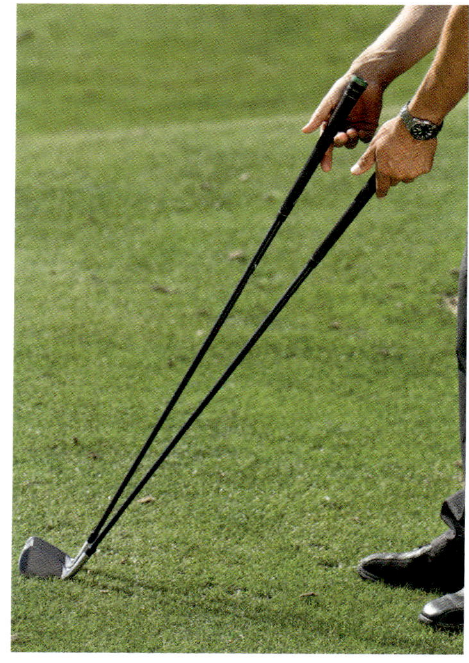

Definition: Der Lie eines Schlägers beschreibt den Winkel des Schlägers zwischen der Sohle und dem Schaft. Ein Lobwedge hat einen Lie von etwa 64 Grad und ein Driver von etwa 60 Grad.

Bei folgenden Schlägern ist es elementar: Eisen, Wedges und Putter.

Auswirkung: Wenn die Schlägersohle im Treffmoment nicht mittig über den Boden streift, wird Ihr Ball nicht in Richtung Ziel starten. Wenn der Schläger mit der Spitze über den Boden streift, wird Ihr Ball nach rechts starten und im weiteren Flug noch mehr nach rechts abdrehen. Talentierte Spieler merken das und verändern unbewusst Ihren Schwung, was meist zu weiteren Problemen führt. Deshalb kann ich nur jedem Golfer, auch dem Einsteiger, raten, von Beginn an mit angepassten Schlägern zu spielen und dadurch einen guten Golfschwung zu entwickeln.

Selbst testen: Ob Ihre Schläger den passenden Liewinkel haben, können Sie leicht testen. Nehmen Sie Tesafilmstreifen und schlagen Sie Bälle von einer Hartplastikscheibe. Prüfen Sie, an welcher Stelle der Tesafilmstreifen abgenutzt ist und Sie können beurteilen, wie gut Ihr Schläger zu Ihnen passt. Es gibt auch einen statischen Test: Stellen Sie sich mit einem Schläger an Ihren Ball. Wenn Sie passend stehen, blicken Sie auf Ihren Schlägerkopf. Ist der Lie optimal, steht die Spitze des Schlägerkopfs im Setup ganz leicht in der Luft.

Der optimale Lie: Beim Lie spielt die passende Schaftlänge eine Rolle, deshalb sollten Sie erst messen, ob Ihr Schläger die richtige Länge für Sie hat und dann den Lie bestimmen. Ihre Schwungbahn hat ebenfalls einen erheblichen Einfluss auf den Lie, deshalb sollte ein guter Fitter immer auch Ihren Schwung mit einer Videokamera aufnehmen.

DIE SCHLÄGERLÄNGE

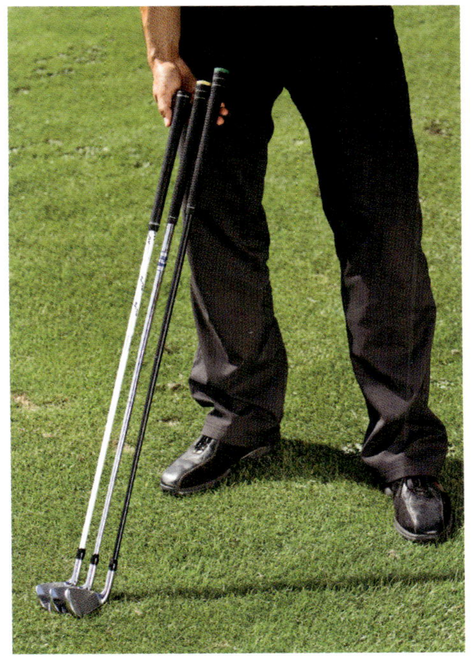

Definition: Die Länge eines Schlägers wird von der Ferse des Schlägers bis zum Griffende gemessen. Ein normaler Driver hat eine Länge von etwa 45,5 Inch und ein Lobwedge von etwa 35 Inch.

Bei folgenden Schlägern ist es elementar: Bei allen Schlägern ist die Länge entscheidend. In der Länge gibt es nur ein Optimum für Sie und das ist ausschlaggebend für Ihre Schwungentwicklung.

Auswirkung: Bei Schlägern, die zu kurz oder zu lang sind, wird sich Ihr Schwung den Schlägern anpassen und nicht umgekehrt. Sie werden nicht so schwingen können, wie es für Sie optimal ist, und Sie werden nicht das erreichen, was Ihnen möglich wäre. Zu lange oder zu kurze Schläger würden Sie in Ihrer Entwicklung behindern. Sind die Schläger zu lang für Sie, dann wird Ihr Golfschwung sich in Richtung eines Baseballschwungs entwickeln. Sie werden mit den langen Schlägern zurecht kommen, aber die kurzen Eisen meist schlecht treffen. Bei zu kurzen Schlägern ist es umgekehrt, Sie werden die kurzen Eisen gut treffen und mit den langen Schlägern nicht zurecht kommen. Meist entstehen durch zu kurze Schläger auch noch Rückenschmerzen.

Sie können das mit dem Kauf einer Hose vergleichen. Wenn Sie in ein Geschäft gehen und eine Hose kaufen, können Sie von Glück sagen, wenn Ihnen die Hose auf Anhieb passt. Ist sie zu weit oder zu eng, können Sie Ihren Körper verändern, also entweder zu- oder abnehmen. Ist die Hose dagegen zu kurz oder zu lang, kann Ihr Körper nicht kürzer oder länger werden, dann muss sich die Hose Ihrem Körper anpassen.

Selbst testen: In der Tabelle können Sie Ihre optimale Schaftlänge anhand Ihres Handgelenk-Boden-Abstands feststellen.

Die optimale Schaftlänge: Die für Sie geeignete Schaftlänge können Sie am besten mit einem erfahrenen Fitter herausfinden. Die Faktoren Schwungebene, Präzision, Rhythmus und Athletik müssen für die perfekte Anpassung berücksichtigt werden.

Abstand Handgelenk-Boden	Driverlänge		Länge Eisen 5	
Zentimeter	Zoll	Zentimeter	Zoll	Zentimeter
< 73,5	42	106,5	36,5	92,7
73,5–81	42,5	108	37	94
81,5–86	43	109,2	37,5	95,3
86,5–91	43,5	110,5	38	96,5
91,5–94	44	111,8	38,25	97,1
94,5–96	44,25	112,4	38,5	97,8
96,5–99	44,5	113	38,75	98,4
99,5–101	44,75	113,8	39	99
101,5–104	45	114,3	39,25	99,7
>104	45,50	115,5	39,5	100,3

Variationen
Schwungebene: flach = länger
Sweetspot: präzise = länger
Rhythmus: gleichmäßig = länger
Athletik: physisch stark = länger

DER SCHAFT

Definition: Der Schaft ist der Teil zwischen Schlägerkopf und Griff. Das Schlaggefühl wird vom Schlägerkopf durch den Schaft und den Griff auf die Hände übertragen. Somit ist der Schaft das wichtigste Element, wenn es um das Schlaggefühl geht.

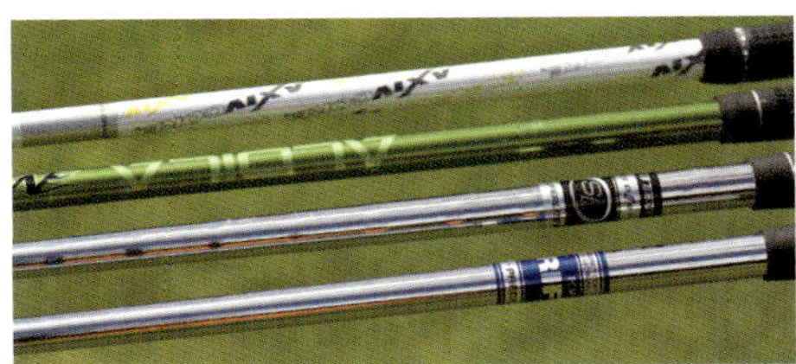

Es gibt unterschiedliche Materialien für Schäfte, die alle Vor- und Nachteile haben. Schäfte aus Stahl haben meist eine sehr geringe Torsion (Verdrehung in der Längsachse), dafür sind sie aber schwer (meist zwischen 100 und 130 Gramm). Graphitschäfte sind leicht (meist 40 bis 80 Gramm), können dadurch besser beschleunigt werden, verschlucken aber viel von dem Schlaggefühl und geben nur ein mittelmäßiges Feedback. Ebenfalls sind Schäfte verschieden flexibel und biegen sich an unterschiedlichen Stellen (Bend Profile) was zu einem unterschiedlichen Schlaggefühl und Abflugwinkel führt.

Bei folgenden Schlägern ist es elementar: Bei allen! Es ist wichtig, dass die Schäfte zueinander passen, ihr Schlaggefühl, der Abflugwinkel sowie das Spin-Verhalten im Flug haben maßgeblich mit den Schäften zu tun. Beim Driver geht es um den längsten Flug und Roll, bei den Eisen um die Präzision und bei den Wedges und dem Putter um das Schlaggefühl.

Auswirkung: Wenn Ihre Schäfte nicht zu Ihnen passen, werden Sie bei den langen Schlägern nicht Ihre optimale Länge erreichen sowie eine deutlich größere Streuung haben. Sie werden bei Ihrer Art, einen Schläger zu beschleunigen, kein gutes Gefühl haben da der Schaft sich zu wenig, zu viel oder an der falschen Stelle biegt. Mit Ihren Wedges werden Ihnen die Distanzkontrolle und das Gefühl fehlen, und beim Putten werden Sie Schwierigkeiten haben, eine wiederholbare Dosierung zu erzeugen.

Selbst testen: Wenn Sie bei Ihren Schlägern ein ungutes Gefühl haben, ist das ein Zeichen, dass Ihnen Ihr Schaft nicht passt. Wenn Sie nach einem Drive auf ein normal weiches Fairway weniger als zehn Meter Roll haben, dann ist entweder der Loft oder der Schaft Ihres Drivers falsch. Optimal können Sie dies nur mit einem Fittingsystem testen, bei dem Sie auf einen Schlägerkopf verschiedene Schäfte aufschrauben.

DAS KOPFDESIGN

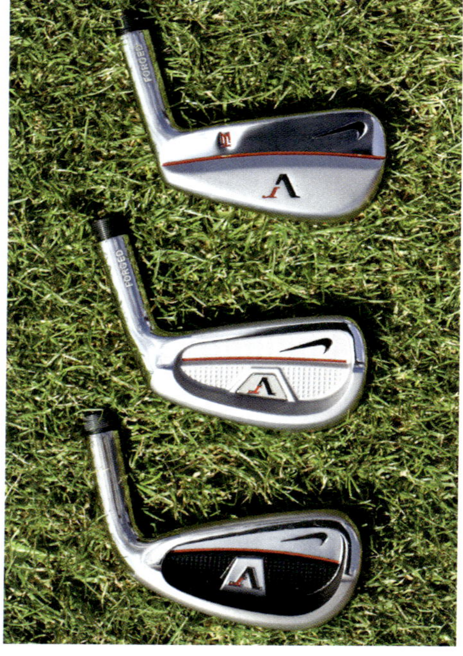

Definition: Das Kopfdesign bezeichnet den Aufbau Ihres Schlägerkopfs. Es gibt den klassischen Kopf, das Blade, und den fehlerverzeihenden, das Cavity Back. Daneben gibt es noch viele andere Formen, zum Beispiel ganze Hybridsätze, die aber nur eine Fortsetzung des Cavity-Back-Gedankens sind. Der Schlägerkopf ist verantwortlich für den Klang im Treffmoment und die Optik, speziell beim Zielen.

Bei folgenden Schlägern ist es elementar: Eisen, Wedges und Putter. Primär geht es um die Eisen, aber Sie sollten auch ausprobieren, welcher Putterkopf für Sie optimal ist.

Auswirkung: Gehören Sie zu den noch nicht so guten Spielern und haben Sie ein zu anspruchsvolles Kopfdesign für sich gewählt, zum Beispiel Blades, dann werden Sie bei nicht sauber getroffenen Bällen oft viel Schlagdistanz verlieren. Spielen Sie als guter Spieler Schlägerköpfe mit zu viel Fehlerverzeihung, dann wird es Ihnen schwer fallen, die Schläge fein zu dosieren und die Ballflugkurve präzise zu steuern (Draw und Fade). Beim Putter kann das falsche Design zu folgenden Fehlern führen: schlechtes Zielen und zu viel Rotation des Schlägerkopfs im Schwung.

Selbst testen: Den optimalen Test machen Sie mit einem Abdrucktape (Face Tape). Im Proshop sollten Sie kostenlos ein paar Tapes erhalten. Kleben Sie ein Tape auf Ihre Schlagfläche und schlagen Sie fünf Bälle. Wenn die Ballabdrücke über das ganze Tape verteilt sind, sollten Sie einen sehr fehlerverzeihenden Schlägersatz spielen. Ist nach fünf Schlägen fast nur ein Ballabdruck zu sehen, sollten Sie einen anspruchsvollen Schlägersatz nutzen, um die Feinheiten des Spiels ansteuern zu können.
Beim Putter können Sie keinen eigenen Test durchführen. Gehen Sie zu einem erfahrenen Clubfitter und kombinieren das am besten mit einer SAM-PuttLab-Analyse.

DER GRIFF

Definition: Der Griff ist die Stelle, an der Sie den Schläger im Schwung greifen. Meist ist der Griff aus einer Gummimischung aufgebaut. Da der Griff die Verbindung zwischen Schläger und Händen ist, ist er sehr entscheidend für das Schwung- und Treffgefühl.

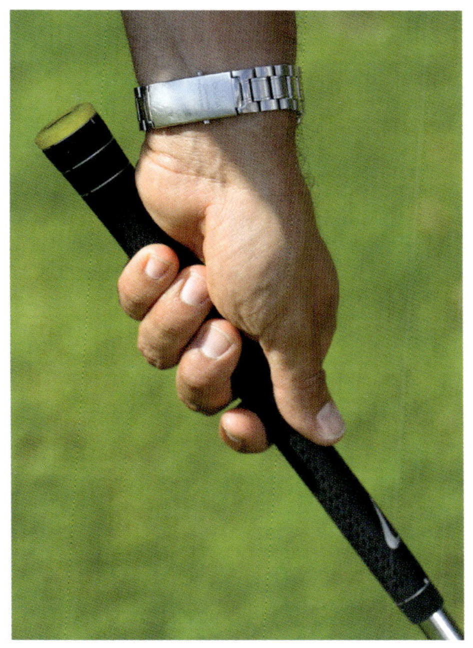

Bei folgenden Schlägern ist es elementar: Bei allen Schlägern muss der Griff zu Ihrer Hand passen.

Auswirkung: Ein optimaler Griff hilft den Schläger im Schwung entspannt zu halten und ist dadurch sehr wichtig für die maximale Schlägerkopfgeschwindigkeit. Die Griffdicke ist auch für eine wiederholbare Schlagrichtung entscheidend, da die Hände den Schläger bei einem passenden Griff immer wieder gleich greifen.

Neben der Richtung und der Schlägerkopfgeschwindigkeit beeinflusst der Griff stark das Schlaggefühl. Wenn man zum Beispiel beim Putter einen sehr dicken Griff nutzt, schluckt dieser viel vom Treffgefühl, was zu einem schlechteren Feedback und dadurch zu einem langsameren Lernen der Dosierung führt. Allerdings kann der dicke Griff beim Putter helfen, die Rotation des Putterkopfs zu verringern, falls sie zu stark sein sollte.

Selbst testen: Unterschiedliche Griffdicken können Sie nur ausprobieren, wenn einer Ihrer Mitspieler dicke oder dünne Griffe spielt. Schlagen Sie mit diesen Schlägern ein paar Bälle und achten Sie auf Ihr Gefühl im Schwung und im Set-up. Wirklich testen können Sie die richtige Griffdicke nur mit einem erfahrenem Clubfitter oder Professional.

DER SATZAUFBAU

Definition: Gemeint ist hier, wie Sie Ihren Schlägersatz zusammengestellt haben. Sie dürfen maximal 14 Schläger mit auf die Runde nehmen. Für einen Anfänger genügen meist sechs Schläger, ein ambitionierter Spieler sollte die maximale Anzahl von 14 Schlägern ausnutzen, um für jede Situation gerüstet zu sein.

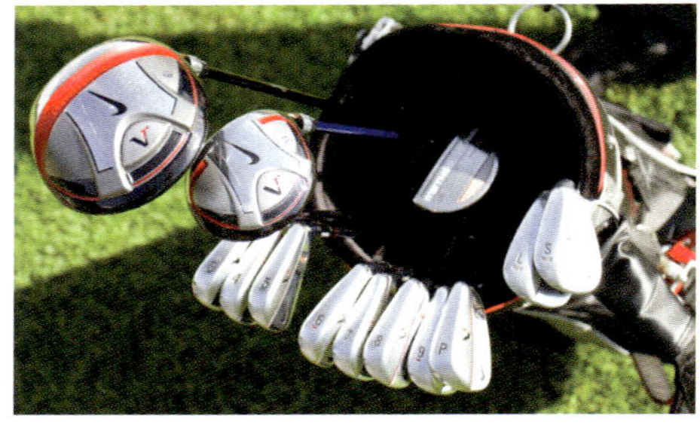

Bei folgenden Schlägern ist es elementar: Bei allen Schlägern; Ihr Schlägersatz sollte sinnvoll aufeinander abgestimmt sein.

Auswirkung: Wenn Ihr Set perfekt ist, haben Sie von Schläger zu Schläger immer die gleichen Distanzunterschiede. Nicht gut abgestimmt ist Ihr Set, wenn Sie zum Beispiel zwischen einigen Eisen zehn Meter Unterschied und zwischen anderen Eisen 15 Meter Unterschied zum nächsten Schläger haben. Das macht das Spiel noch schwerer und bringt Sie oft in Situationen, in denen Sie nicht wissen, welcher Schläger der richtige ist.

Selbst testen: Gehen Sie auf den Platz und messen Sie Ihre Schlaglänge mit jedem Schläger. Dies hilft Ihnen, ein guter Stratege zu werden und Sie erkennen, ob die Abstände von Schläger zu Schläger gleichmäßig sind.

Der optimale Satzaufbau: Die Schlaglängen der zehn Schläger zwischen Ihrem längsten Fairwayholz und Ihrem Lobwedge sollten gleichmäßig verteilt sein. Wichtig ist:

- dass Sie einen Driver für die maximale Länge haben;
- dass Sie ein Fairwayholz haben, mit dem Sie die maximale Länge beim Schlag vom Boden erreichen, es aber auch gut vom Tee schlagen können;
- dass der Übergang von den Hölzern zu den Eisen gut gelöst ist, meist mit einem Hybrid, und die Schlagabstände auch hier gleichmäßig verteilt sind, so wie bei den Eisen;
- dass Sie den Abstand von Wedge und Sandwedge mit einem Gapwedge überbrücken;
- dass Sie bei den Wedges einen Schläger mit viel Bounce und einen Schläger mit wenig Bounce haben. Der Bounce ist der Winkel zwischen der Vorderkante der Schlagfläche (Leading Edge) und der Hinterkante der Sohle (Trailing Edge). Er bestimmt die Abprallmenge, wenn ein Schläger den Boden trifft.

DAS GEWICHT

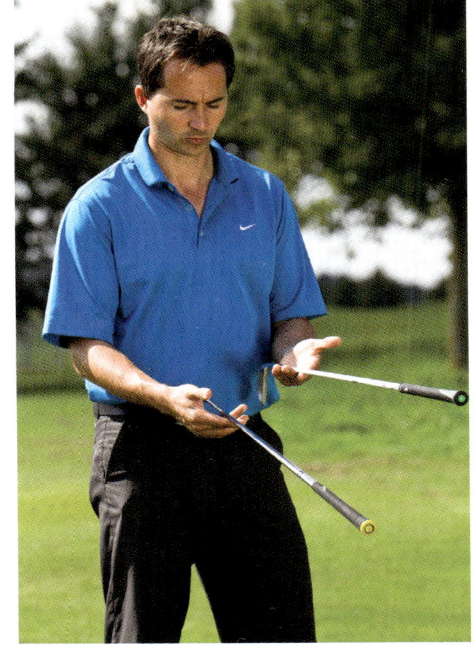

Definition: Unter Gewicht des Schlägers verstehen wir das Gesamtgewicht und das Schwunggewicht. Das Schwunggewicht ist eine Maßeinheit, die die gefühlte Schwere des Schlägers ausdrückt, wenn Sie ihn in der Hand halten. Das Gesamtgewicht ist das tatsächliche Gewicht des Schlägers, wenn Sie ihn wiegen (meist wiegen Golfschläger zwischen 300 und 500 Gramm). Die Schläger sollten zueinander passend gewichtet sein und Ihnen ein angenehmes Gefühl geben.

Bei folgenden Schlägern ist es elementar: Bei allen Schlägern.

Auswirkung: Das Schwunggewicht eines Schlägers ist entscheidend für das Gefühl im Schwung. Es ist unabhängig vom Gesamtgewicht. Das Gesamtgewicht eines Schlägers ist entscheidend für die Schlagweite und Schlagpräzision. Ist Ihnen der Schläger zu schwer, dann werden Sie Ihn nicht maximal beschleunigen können; ist der Schläger zu leicht, dann werden Sie Ihn zu ungleichmäßig beschleunigen und Ihr Schlag wird unpräzise.

Selbst testen: Sie können den Test mit Ihren eigenen Schlägern und Klebegewichten machen, die beim Auswuchten von Autoreifen verwendet werden. Fragen Sie Ihren Reifenhändler nach Klebegewichten von 5, 10 und 20 Gramm. Machen Sie auf der Driving Range einige Schläge mit Ihren gewohnten Schlägern, dann kleben Sie das 20-Gramm-Gewicht auf die Rückseite Ihrer Schlagfläche und machen damit Schläge. Ihr Gefühl wird Ihnen sagen, ob es besser oder schlechter ist. Wiederholen Sie den Test mit einem anderen Schläger und nutzen Sie ein anderes Gewicht. Achten Sie auf Ihr Gefühl. Wenn Sie davon überzeugt sind, dass sich ein anderes Gewicht besser anfühlt, wiederholen Sie den Test auf dem Platz und überprüfen Sie, ob sich Ihre Fluglängen verändert haben. Der Test ist auch beim Putter spannend. Wichtig ist nur: Vertrauen Sie auf Ihr Gefühl!

DER GOLFBALL

Definition: Ein Golfball muss mindestens 45,93 Gramm wiegen und einen Mindestdurchmesser von 42,67 Millimeter haben. Er ist neben den Golfschlägern ein sehr wichtiger und oft vernachlässigter Teil unserer Ausrüstung.

Bei folgenden Schlägern ist es elementar: Bei allen Schlägern, weil der richtige Ball den gelungenen Schlag belohnt.

Auswirkung: Der Ball ist entscheidend für die Fluglänge, den Spin und das Gefühl. Wenn Sie den falschen Ball wählen, kann es sein, dass Sie deutlich an Schlaglänge einbüßen und mehr seitliche Abweichung haben als es Ihnen lieb ist. Es ist hilfreich, wenn Sie immer den gleichen Ball spielen, um im kurzen Spiel ein konstantes Gefühl für Länge und Spin zu entwickeln.

Selbst testen: Kaufen Sie sich mehrere unterschiedliche Bälle. Ideal sind immer drei Bälle von einer Sorte. Gehen Sie auf den Platz und schlagen Sie mit Ihrem Driver jeweils drei Bälle der unterschiedlichen Sorten. Beim Einsammeln werden Sie feststellen, dass einige Bälle deutlich länger sind und einige deutlich kürzer. Die kurzen Bälle können Sie verschenken, mit den mittleren und langen Bällen testen Sie weiter. Machen Sie mit diesen Bällen Putts, Chips und Pitches um das Grün. Nehmen Sie Ihr Gefühl wahr und beobachten Sie, wie die Bälle nach dem Landen springen und rollen. Sie werden schnell feststellen, welcher Ball Ihnen am meisten liegt, und sollten diesen ab heute bevorzugen.

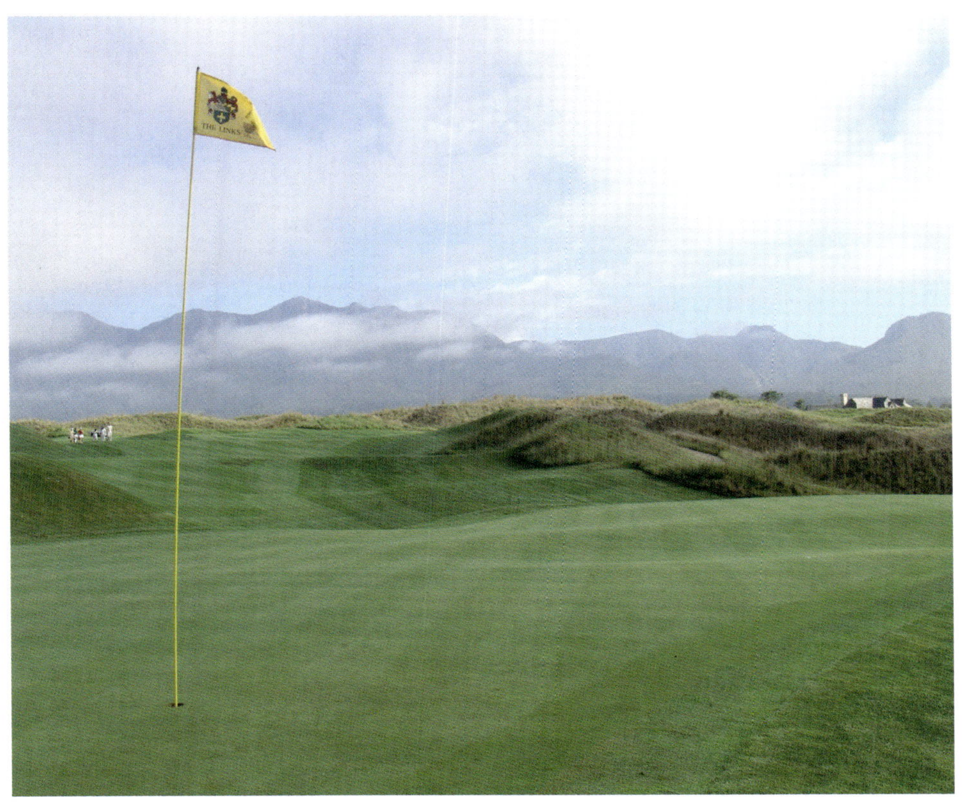

GOLF IN BALANCE – DAS TRAININGSKONZEPT

Seit ich 1987 zum ersten Mal einen Golfschläger in der Hand hatte, hat mich der Golfsport nicht mehr losgelassen. Je besser mein Spiel wurde, je mehr ich meinte, die Komplexität und das Zusammenspiel der einzelnen Komponenten zu verstehen, desto größer wurde meine Faszination für diesen einzigartigen Sport. Und das hat sich bis heute nicht geändert.

Als professioneller Golfspieler habe ich das Leben auf der Tour kennengelernt. Ich habe erlebt, welchen hohen Leistungsansprüchen die Tourspieler im golftechnischen, geistigen und körperlichen Bereich genügen müssen, um sich auf der Tour behaupten zu können. Beim Unterrichten von Golf habe ich mit Spielern unterschiedlicher Spielstärken – vom Europameister bis zum Anfänger – zusammengearbeitet und konnte auch dabei viele wertvolle Erfahrungen über Lehr- und Lerntechniken sammeln.

Diese Erfahrungen aus meiner Zeit als professioneller Golfspieler und aus dem Unterrichten von Golf habe ich verknüpft mit meinen Erfahrungen als Mensch und habe daraus ein ganzheitliches Trainingskonzept entwickelt, das den Golfer als Ganzes sieht. Jeder Spieler ist einzigartig; seine Art zu spielen zeigt seine golferische Entwicklungsstufe. Ziel meiner „Golf in Balance"-Akademie ist es, den Golfspieler in seinen Entwicklungsstufen zu begleiten und voranzubringen.

Meine erste „Golf in Balance"-Akademie konnte ich im Golfclub Heilbronn-Hohenlohe eröffnen. Weitere Akademien werden folgen. Die Professionals von „Golf in Balance" unterrichten nach einem ganzheitlichen Trainingskonzept, das alle Aspekte des Golfsports berücksichtigt und den Menschen als Ganzes sieht. Der Schüler kann sein Golfspiel dadurch schnell und nachhaltig verbessern. Wir setzen modernste Unterrichtstechniken ein, mit denen es auch dem Amateur möglich ist, auf Tourniveau zu trainieren.

Wenn Sie mehr über „Golf in Balance" wissen möchten, besuchen Sie unsere Website

www.golf-in-balance.de

Ich freue mich sehr über Ihre Meinungen und Anregungen zu diesem Buch. Lassen Sie mich Ihre Kommentare, Erfahrungen, Kritik oder positive Entwicklungen wissen, damit wir Ihre Anregungen aus der Praxis in die Weiterentwicklung unseres Trainingskonzepts einfließen lassen können. Ich freue mich auf Ihre Hinweise.

www.markmattheis.de

DIE AUTOREN

MARK MATTHEIS hat 1987 mit dem Golfsport in Neustadt/Weinstraße begonnen. 1991 bis 1992 war er Mitglied der DGV Nationalmannschaft. Bis 1995 gewann er zahlreiche Titel bei verschiedenen Mannschaftsmeisterschaften. 1996 bis 2001 war er Playing Professional und hat während dieser Zeit auch an zehn Turnieren der European Tour teilgenommen. Ein Turnier, die ABN AMRO Bank Open, hat er gewonnen. Drei Jahre lang war er unter den Top Ten der Deutschen Playing Professionals und Mitglied des PGA Playing Pro Teams. 1996 bis 1998 machte Mark Mattheis eine Ausbildung zum Fully Qualified Professional der PGA of Germany mit C/B Trainerlizenz am Golfclub Jakobsberg. Er war als Regionaltrainer des LGV Rheinland Pfalz tätig, wurde dann Senior Professional bei Oliver Heuler im Golfclub Fleesensee und wechselte schließlich zum Golfclub St.Leon-Rot. Von 2003 bis 2010 war er dort Coach der 1. Damenschaft, mit der er mehrmals Deutscher Meister und Europameister wurde. Seit 2003 ist er als Referent und Prüfer der PGA of Germany tätig, seit 2004 ist er A-Trainer des DGV/DSB. 2006 erfolgte die Ernennung zum Honorartrainer der Deutschen Herren-Nationalmannschaft. 2009 wurde Mark Mattheis von den Mitgliedern der PGA zu den drei besten Trainern Deutschlands gewählt. Neben seiner Golf-in-Balance-Akademie ist Mark Mattheis Leistungskoordinator im Golfclub Falkenstein. Den Fernsehzuschauern ist er als Golf-Moderator bei Sport1 bekannt, wo er seine Lehrmethode regelmäßig vorstellt.

CHRISTIAN MARYSKO hat in Heidelberg Sportwissenschaft und Erziehungswissenschaft studiert und verfügt über Trainerscheine in verschiedenen Sportarten. In seiner sportlichen Laufbahn konnte er zahlreiche Erfolge in der Leichtathletik, im Tennis und im American Football verbuchen. Golf spielt er aktuell mit einem Handicap von 7,8. Als Fitnesskoordinator beim Golfclub St. Leon-Rot ist Christian Marysko hauptverantwortlicher Athletiktrainer der Kinder und Jugendlichen in den Fördergruppen sowie der aktiven Mannschaftsspieler. Er ist zudem als Athletiktrainer der deutschen Damen-Nationalmannschaft tätig und arbeitet mit diversen Spielern der EPD-Tour.